地方自治・実務入門シリーズ

自治体コンプライアンスの基礎

岡田博史 著

北村喜宣・山口道昭・出石 稔 編

有斐閣
YUHIKAKU

「地方自治・実務入門シリーズ」の刊行にあたって

およそ自治体職員であれば、入庁時、「宣誓書」に署名押印をしたはずである。この文書は、「職員の服務の宣誓に関する条例」の別記様式として規定されているのが一般的である。条例であって要綱ではない。すなわち、職員は、日本国憲法の尊重・擁護、地方自治の本旨を踏まえた公務の民主的・能率的運営を誠実・公正に行うことを、ほかならぬ住民に対して誓ったのである。

この内容の意味を、地方分権時代の今、改めて考えてみたい。

二〇〇〇年施行の地方分権一括法により実現された分権改革は、「第三の改革」と称されるほどのとてつもなく大きな潜在的力を有するものである。当時は、国と自治体の関係について、「上下主従から対等協力へ」という表現が多用された。ところが、現実に両者の関係を規律している法律は、改革以前に制定されたときの姿のままに存続している。このため、改革に消極的な立場からは、「法律通りにしなければ違法である」というように、改革の成果を意図的に矮小化するような言説さえ発せられる。

しかし、国と自治体との間に適切な役割分担がされるべきであるのは、目標なのではなく規範である。法令がそのようになっていないのであれば、そうであるように自治的に解釈・運用しなければ、憲法を尊重・擁護したことにはならない。全体の奉仕者として、市民の福祉向上のために仕事をする自治体職員は、この点について自覚的である必要がある。そして、自治体職員は、それが可能になるような力をつける必要がある。

「地方自治・実務入門シリーズ」と題するこの企画は、全体として、若手・中堅と呼ばれる層の自治体職員を主たる読者対象とし、その基礎力の養成に資することを目標にしている。各巻においては、職員が取り組むべき分野に関する法システムの全体像が的確に提示され、地方自治の本旨を踏まえた公務とはどのようなものかが、それぞれの著者の立場から語られる。二〇〇〇年の前後においても不変の法理である「法治主義」に、現在はどのような内容を盛り込ませるべきなのか。シリーズのもとでは、個別の行政分野を扱う巻と横断的課題を扱う巻の両方が随時出版されるが、いずれにおいても通奏低音のごとく意識されている課題である。

有斐閣が、地方自治を正面においたシリーズを刊行するのは、はじめてのことである。このような初の試みが読者の広い支持をえることができるよう、出版された巻に対しては、シリーズ編者および将来の巻の執筆者が加わって検討を加えたい。そして、その結果を踏まえて、よりよい書物を継続的に読者のお手元に届けることができるよう、努力してまいりたい。

二〇一六年夏

シリーズ編者を代表して　北村　喜宣

目次

著者・編者紹介

著　者

岡田博史（おかだ ひろし）

1966年生まれ
1990年，京都大学法学部卒業
同年，松下電器産業株式会社入社
1992年，京都市役所入庁
2009年，行財政局コンプライアンス推進室副室長
2013年，行財政局総務部法制課長
2017年より，行財政局資産活用推進室長

〈主要著作〉
『空き家対策の実務』（編著，有斐閣，2016年）

編　者

北村喜宣（きたむら よしのぶ）　上智大学法学部教授
山口道昭（やまぐち みちあき）　立正大学法学部教授
出石　稔（いずいし みのる）　関東学院大学法学部教授

序文の前に　～秋名君のある一日

秋名君は、某市役所のよろず課に勤務する採用一年目の職員です。非常に明るい性格の持ち主で、既に同課のムードメーカーになっています。

学生時代の体育会系のノリで仕事をしている秋名君は、仕事のイロハを十分に身に着けていないにもかかわらず、一人で抱え込んで担当業務をやり抜こうとしがちでした。そのため、緩田課長は、秋名君がそのうち大きな過ちを犯すのではないかと危うさを感じていました。

そのような秋名君のある一日を追ってみましょう。

〔①遅刻して出勤〕

秋名君が朝起きると、いつもの起床時間よりも三〇分も遅い時間でした。慌てて支度して出勤したので、携帯電話を家に置き忘れてしまいました。不運が重なり、濃霧のため電車が遅れ、そのことを電話で連絡できずにいました。結局、職場に着いたときは、始業時間を一時間過ぎていました。黄山庶務係長に「遅刻しちゃだめじゃないか。正当な理由なく欠勤すると、懲戒処分もんだぞ」と大目玉を食らいました。

秋名君は反省して、いつもよりも頑張って仕事をしようと思いました。

〔②認可申請に対する対応〕

秋名君は、認可地縁団体に関する事務（自治会に法人格を与えること）などを担当しています。ある自治会の会長が認可地縁団体になるための申請書を提出するために、よろず課にやってきました。その自治会は内紛状態にあるので、申請をさせないようにと福海総務係長から言われていました。そこで、秋名君は申請書の内容も見ずに、突き返しました。その会長と窓口で言い争いになりましたが、その会長は、諦めて帰って行きました。

〔③昼休みの会話〕

昼休みになりました。秋名君は、同僚の南川君と小田君と食べに行くことにしています。いつもの定食屋さんで、先ほどの会長についての話をしながら、ハンバーグ定食を食べました。

〔④テレビの購入〕

午後、黄山係長から、職場に置いているテレビが壊れたので新しいテレビを買うように言われました。ちょうど、大学時代の同級生が電器店に勤めているのを思い出したので、その電器店で買うことにしました。

〔⑤パンフレットの作成〕

秋名君は、認可地縁団体の制度を広く周知しようと考え、市内の全自治会に知らせるために、パンフレットを作ろうと思いました。案を作ってみたところ、左下に余白ができたので、偶然インターネット上で見つけたイラストを入れました。これにより、ぐっと親しみやすいものになりました。

〔⑥補助金申請の相談〕

その後、別のある自治会の会計担当者が補助金の申請の相談にやってきました。その会計担当者は、秋名君の高校時代の同級生でした。その同級生は、人当たりが強いため、とても苦手にしていた人でした。ところが、この日は、人が変わったように優しい口調で、「基準を満たさないかもしれないけれど、何とか秋名君の裁量で補助金を交付して欲しい。今度、一緒に食事に行こう。奢るから」などと言われました。奢ってもらえるなんてラッキーだと思い、「何とかするよ」と言い、機嫌良く帰ってもらいました。

〔⑦補助金返還の催促〕

公用車で外勤をしました。市内のある自治会が不正に補助金の交付を受けていたことが発覚したので、補助金の返還を求めていましたが、未だに返金してくれないので催促に行ったのです。その自治会の会長は、のらりくらりとかわすので、秋名君は、「このままだと認可を取り消しますよ」とまるで脅すような強い口調で言いました。すると、その会長は、おとなしくなって、来週までに支払うと約束してくれました。

〔⑧外勤時の交通事故〕

市役所に向かって運転していると、誤って自転車に乗った青年と接触してしまいました。秋名君は、こちらが全面的に悪いと思ったので、その青年と話し合って、損害賠償として一万円をその場で支払いました。

その後、市役所に戻った際、誰にもこのことを報告しませんでした。

【課長からの検討指示】

しばらくすると、緩田課長に呼ばれました。本市は自治会が認可地縁団体になることを推奨しているが、自治会が認可地縁団体になると、「構成員名簿を備え置き、構成員の変更があるごとに必要な変更を加えなければならない。」（地方自治法二六〇条の四第二項）とされていて、人口の多い自治会ほど名簿の管理が大変だという声が上がっているので、名簿の管理を軽減する方法を検討するようにとの指示を受けました。

その直後、終業時間を知らせるチャイムが鳴りました。

〔⑨懇親会〕

今晩は、職場の懇親会です。充実感一杯の秋名君は、いつもよりも早いペースで大好きなワインを飲み、すっかり酔っ払ってしまいました。そのため、饒舌になり今日の出来事を大きな声で話し始めました。緩田課長をはじめ、同僚の職員は皆、いつもの話が始まったと半ば呆れながら聞いていました。ワインを更に飲み続けてしまったため、気持ちが大きくなり、同僚の女性職員である平畑さんの手を取って口説き始める始末でした。それを見かねた緑地さんと仁放さんが止めようとすると、それを面白がり、その姿をスマートフォンで撮影してフェイスブックに投稿しようとしました。

ここに至り、福海係長は、酩酊状態になってしまった秋名君を力ずくで懇親会の会場から引きずり出し、タクシーに同乗して自宅まで送り届けたのでした。

【翌朝】

緩田課長は、前日の秋名君の言動から、取り返しのつかない過ちを将来犯すに違いないと確信しました。ちょうど緩田課長は『自治体コンプライアンスの基礎』を読んだばかりで、これからコンプライアンスを学ぼうとする自治体職員向けの好著だと感じたので、秋名君にぜひ読んでもらおうと考えました。緩田課長は、秋名君を呼び、この本を貸すので、ぜひ読んで感想を聞かせて欲しいと言って、手渡しました。

秋名君のある一日の出来事の①から⑨までについて、それぞれどのような法的な問題点があるだろうか。本書中にヒント又は答えとなる記述があるので、そのことを意識して、読み進めていただきたい。

また、【課長からの検討指示】に関連することにも触れている。具体的にどんな方法が考えられるのか、検討していただきたい。

序文　本書のねらい

〝壁に耳あり障子に目あり〟

いわゆる内部告発と言われるものは、昔からあった。しかし、二〇〇六年（平成一八年）四月に公益通報者保護法が施行された頃から、内部告発が切っ掛けとしか考えられないような不祥事が数多く発覚している。それだけ、内部告発をするハードルが下がっていると筆者は感じている。

不祥事は、必ず表面化する。隠し事は、必ずどこかで漏れる。内部告発をするハードルが下がっている現代においては、それを肝に銘じて職務に従事しなければならない。

ところで、公務員が不祥事を起こせば、必ずと言ってもいいほどマスメディアで報じられる。飲酒運転に対する処分基準が厳しくなり、事故を伴えば懲戒免職処分が原則となっているなど、一昔前に比べて懲戒処分の基準が厳しくなっている。基準を厳しくすることにより不祥事の減少につなげられたとしても、不祥事とは無縁の大多数の公務員の中には、職場に息苦しさが増したと感じている人もいるだろう。

この職場の息苦しさは、コンプライアンスを単に法令遵守と捉え、これが声高に唱えられることからも生まれる。

自治体職員の世界では、総じていえば、ルールを決めるのは国の役割であり、自治体はこれを実行していくのが基本であるという考え方が非常に根強く浸透している。これまでは国会で制定された法律やその下位にある政省令等に従うことが大前提になり、これを変えてはどうかという発想が生まれることは少なかった。確かに、二〇〇〇年（平成一二年）四月一日に機関委任事務が廃止され、自治体が独自に法令を解釈しようという機運が大きくなった。ところが、同日後においても自治体の事務に関する法令の規律密度（法令において事務処理の基準、方法、手続等を規定している度合をいう）が相変わらず高いため、自治体の現場においては、国が制定した法令に基づいて事務を行っていくことに多くの時間を割いているという点について、同日前後で変化はない。そのため、法令の解釈に疑問が生じれば、まず、国がどのように解釈しているのかを自治体職員は知ろうとし、国が解釈を示せば、自治体側が自主的にその解釈に従っているのが一般的な姿ではなかろうか。こうしたことから、法令そのものの妥当性に疑問を持つことなく、疑問に思ってもどうしようもないものとして、日々の仕事に従事しがちではなかろうか。

二〇〇〇年（平成一二年）から始まった介護保険制度の仕組みが次第に複雑となり、その仕組みを理解しなければならない職員の大きな負担となっている。税制度についても、次第に複雑になっている。そのため、課税ミスのニュースが後を絶たない。人間の頭脳が進化したわけではない中、制度の仕組みが人の手に負えないほど複雑化している。近年では、マイナンバー制度の仕組みが技術面でも複雑化し、人間が適切にコントロールするには大きな負担になっているのではないかと感じている。

このように、国が作った複雑な制度の下に自治体が置かれている。ここから完全に逃れられはしないだろう。しかし、少しであれば可能である。しかも、それが自治体職員のみならず住民にとってもメリットがあれば、逃れる術を自治体職員が身に着けて置く価値が大いにある。

決められたことに従って行動しなければならない。これは、最近、よく言われているコンプライアンス、法令遵守という考え方からすると、当然のことである。しかし、従来の解釈に忠実に従い、運用していくという姿勢だけでは、決して満足されない時代になっているのではなかろうか。

現場で得られた知識や経験に裏打ちされた説得力を持って、国が提示した従来の解釈の変更や自治立法（条例の制定）に果敢に挑戦していく。これこそが、現代のコンプライアンスである。

本書は、法を守って仕事をするため心掛けるべきことに加え、現代の複雑化している制度を少しでも改善するとともに、自治体が自治立法に積極的になって欲しいとの思いから、「コンプライアンス」をキーワードにこれを適切に実践する方法を伝えようとするものである。その際、コンプライアンスについての理解を深めるため、冒頭のことわざのように、温故知新の観点からことわざや格言などを盛り込んでいる。

「第一章　コンプライアンスの基底となる視点」では、法の機能や役割について、社会との接点や政治との関係に触れながら解説している。

「第二章　コンプライアンスとは?」では、京都市職員コンプライアンス推進指針の考え方を紹介し、法令を遵守するだけでは不十分で、柔軟な解釈運用と法の創造の重要性について解説している。

「第三章　コンプライアンス違反に陥るのはなぜ?」では、人の性としての「弱さ」をはじめ、精神面が業務の遂行に与える影響などに着目し、問題点や対処法を解説している。

「第四章　コンプライアンスを確実に実践するには?」では、法の機能を最大限に発揮させる方法、違法状態を生じさせないために留意すべきこと、立法に当たっての留意点などについて解説している。

それぞれの章では、所々具体的な事例を取り上げ、関連する条文や判例を掲載している。これらを参照しながら理解していただきたいという意図である。条文をすらすらと読めるようになることは、コンプライアンスを実践していくに当たって欠かせない能力である。これを読もうとせずに、これを噛み砕いて解説しているマニュアルのみに依拠して仕事をするようでは、法の解釈力を身に着けられない。また、法を創造することもできない。自治体職員である以上、条文と向き合うことを避けてはいけない。条文を読むのに慣れていない読者にとっては、少し苦痛であるかもしれない。そうであっても、ここは我慢強く丁寧に読んでいただきたい。そうするのがコンプライアンスの実践の第一歩である。

自治体職員はコンプライアンスをどのように実践していくべきかという問題は、法とどのように向き合うべきかという問題と同じである。そのような考え方に基づいて、筆者は本書を執筆している。本書は、自治体職員として身に着けておくべき法的知識を網羅的に伝授しようとしているものではない。コンプライアンスを実践するに当たっての必要な法的思考の伝授を目的としている。

なお、本書中の筆者の見解は、必ずしも所属する組織のそれと一致するものではないことをあらかじめお断りしておく。

本書が髙橋滋監修、鈴木秀洋ほか著『これからの自治体職員のための実践コンプライアンス』（第一法規、二〇一四年）をはじめとする同じテーマの書籍及び「地方自治・実務入門シリーズ」の他の書籍の理解並びに日々の業務における適切な法的思考の手助けとなれば幸いである。

第一章　コンプライアンスの基底となる視点

ここでは、法というものを四つの視点から説明していく。これは、次章以下で説明するコンプライアンスの基底となる視点である。

一　「社会あるところに法あり」

聞き慣れた言葉でありながら、出所は不詳とされている法諺である。
ここでは、「法」を社会に存するあらゆるルールを意味するものとして話を進めよう。

1　法の必要性

自己の主張の根拠として法を持ち出すと、頭が固いと嫌われることがある。例えば、ある公の施設の供用時間が午後五時までと条例で規定されている。そのため、施設の管理者が午後五時を少しでも過ぎると超過料金を取ろうとするなど極めて厳格な運用をしようとする。すると、利用者側としては、もっと柔軟な対応をすればいいのではないかと言いたくなる。

こんな些細な例にとどまらず、どんなことでも法でがんじがらめにされると息苦しい社会になるのは間違いない。このような社会に住みたくないと誰もが思うであろう。

しかし、逆に、この例で供用時間が定められておらず、施設の管理者の自由な裁量で運用され、利用者ごとに異なる対応をすることにより公平性に欠ける運用がなされると、利用者との間でトラブルとなるおそれがある。このように法に不備があると、混乱を来すことがある。

この例のように局地的な法ではなく、社会全般に関わる法に不備があれば、社会に与える悪影響が一層大きくなる。法は、社会をしっかりと支える機能を持たねばならないのである。この点について、次の**2**で説明しよう。

2　法の機能

法の次のような機能に気付けば、法が必要なことは明らかであろう（これらの機能以外にも紛争解決機能や資源配分機能といった大切な機能があるが（田中成明『法学入門〔新版〕』（有斐閣、二〇一六年）三八～四二頁）、ここでは、本節の法諺の説明に必要な限りで取り上げる）。

①　社会統制機能（田中前掲書三六頁）

「犯罪などの社会的に有害な逸脱行動を、刑罰などの強制的サンクションによって抑止・処罰することをはじめ、人々が一定の行動様式をとることを何らかのサンクションによって確保し、相互行為を安定化させ、社会の規範的統合を維持する機能」

② 活動促進機能（田中前掲書三七頁）

「人々が各人各様の目標を実現するために自主的に準拠すべき指針と枠組を提供し、私人相互の自主的活動を予測可能で安全確実にするという機能」

⑴ 社会統制機能

これについては、刑法を思い浮かべると具体的にイメージしやすい。「人々が一定の行動様式をとることを何らかのサンクションによって確保し、相互行為を安定化させ、社会の規範的統合を維持する」とは、平たく言えば、人々が勝手に実力行使により私的制裁や自力救済を図ることを禁止する一方、公権力を持つ側もあらかじめ決められたルールに基づいて適切に行使しなければならず、これにより人々の自由と安全を確保し、社会の秩序を維持するという意味である。

⑵ 活動促進機能

こちらについてはイメージしにくいかもしれない。そこで、具体例を挙げて説明しよう。

○民法（明治二九年四月二七日法律第八九号）
（売買）
第五五五条　売買は、当事者の一方がある財産権を相手方に移転することを約し、相手方がこれに対してその代金を支払うことを約することによって、その効力を生ずる。

例えば、民法は、売買に関する規定を置いている。商品を購入する契約は、この規定が根拠となって成立している。このような日常的な行為であっても、実は法に基づいた活動である。ただし、売買行為をする度に、この規定の存在を意識はしない。

ある商品について売買する約束をしたにもかかわらず、一方の当事者がこれを破ろうとしたとき、もう一方の当事者は、民法五五五条の規定を根拠に約束を守るよう求めることができる。このように、トラブルが発生して初めて、法の存在を意識することが多いのではなかろうか。

仮に、この規定がなく、いつでも何ら責任を問われることなく約束を破れるとすれば、どうなるのか想像してみよう。一見したところ、自由度が増すように見えるが、実は、かえって不自由度が増すのである。なぜなら、安心して売買契約を締結できないからである。

このような不自由を回避し、安心して様々な相手と契約を締結できるようになるには、必要最低限のルール（本事例では、売買に関する法）が必要なのである。

(3)　双方の機能を持ったもの

交通ルールがこれに当たる。道路交通法の次の規定を見てみよう。

○道路交通法（昭和三五年六月二五日法律第一〇五号）

（通行区分）

第一七条　1～3　略

4　車両は、道路（歩道等と車道の区別のある道路においては、車道。以下第九節の二までにおいて同じ。）の中央（軌道が道路の側端に寄つて設けられている場合においては当該道路の軌道敷を除いた部分の中央とし、道路標識等による中央線が設けられているときはその中央線の設けられた道路の部分を中央とする。以下同じ。）から左の部分（以下「左側部分」という。）を通行しなければならない。

5～6　略

第一一九条　次の各号のいずれかに該当する者は、三月以下の懲役又は五万円以下の罰金に処する。

一～二　略

二の二　第一七条（通行区分）第一項から第四項まで若しくは第六項（中略）の規定の違反となるような行為をした者

三～一五　略

2　略

一七条四項の規定により車両は原則として左側通行であるという点は、しっかりと守られているのではないかと思われる。その理由は、皆がこれを守らないと危険極まりなく、車両の走行が円滑にできないからである。右側通行の国があることからも明らかなように、どちら側を通行するのかについては正解があるわけではない。だからと言って、何も決めないと通行の安全を確保できないので、一定のルールが必要である。そこで、日本では、車両は左側通行としたのである。

このルールは、通行の安全を確保するという活動促進機能を持っている。また、その確保のため罰則規定を置き、社会統制機能も併せ持っている。

二　「法律いよいよ多くして正義いよいよ少なし」

腐敗した社会には多くの法律があるという意味で、イギリスのことわざである。

1　不祥事による増加

例えば、日本では、地方公務員による国家公務員への食糧費（需用費）をふんだんに使った接待（官官接待）や、金融機関による国家公務員への過剰な接待（いわゆる「ノーパンしゃぶしゃぶ」など）が明るみになったのが切っ掛けで、公務に対する国民の信頼を失墜させる事態を招いた。国家公務員の服務規律については、国家公務員法においてその基本的な事項が定められている。しかし、これだけでは不十分であるとの認識の下、より一層適切な措置を講じることが急務となっているとして、議員立法により一九九九年（平成一一年）に国家公務員倫理法（平成一一年八月一三日法律第一二九号）が制定された。

同法は、「国家公務員が国民全体の奉仕者であってその職務は国民から負託された公務であることにかんがみ、国家公務員の職務に係る倫理の保持に資するため必要な措置を講ずることにより、職務の執行の公正さに対する国民の疑惑や不信を招くような行為の防止を図り、もって公務に対する国民の信頼を確保することを目的」（一条）としている。その後、これに追随する形で、全国各地の自治体においても、同様の内容の公務員倫理条例が制定された。

2　不祥事以外の理由による増加

このような公務員の服務規律の確保を図るための法律や条例は、まさにこのことわざが当てはまる。ところが、このような法律や条例にとどまらず、その数は、年々増える一方である。とすれば、この社会が腐敗する一方なのかといえば、そうではなかろう。そこで、現代社会において、なぜ法律や条例が増えつつあるのかを理解しておく必要がある。

法律については、次の幸田雅治氏の指摘が的を射ている。

「新発想行政法（三）」地方自治七〇〇号（平成一八年三月号）六七頁以下
（当時の幸田雅治総務省消防庁総務課長の発言から）

一つには、道徳とか倫理とかの法律以外の規範が弱くなってきたこと、例えば、平成一三年四月に成立した「配偶者からの暴力の防止及び被害者の保護に関する法律」、いわゆるDV防止法などは、以前は、法律は家庭の中に入らずという考え方があったんですが、それが変わってきた。このように社会の抱える課題の変化に伴い、何でもとは言いませんが、法律によって物事を処理しようとする風潮が強くなっていることがあります。

また、二つ目としては、行政の活動の範囲が拡大していることがあります。二〇世紀に入って夜警国家から行政国家、福祉国家への転換が行われて、行政の関与する範囲が拡大したのですが、この時期とはまた違った意味で、行政の範囲が広がってきています。一例として挙げると、「裁判外紛争解決手続の利用の促進に関する法律」、いわゆるADR法と言われていますが、このADRは、**Alternative Dispute Resolution** の略で、裁判外の紛争解決手続を意味していて、平成一六年一二月から施行されました。この法律は、主として、民間事業者の行う裁判外紛争解決手続について、その業務の適正さを確保するための一定の要件を定めて、国がこれに適合していることを確認（確証）する仕組みを作ったものですが、

ADRの一つである行政機関の行う行政型ADRについては、基本理念等のみを定め、具体的仕組みについては、個別法で規定することとされています。その行政型ADRとしては、建設工事紛争審査会、公害等調整委員会などの仲裁、調停、あっせんの手続があったのですが、最近、例えば、平成一二年に制定された社会福祉法では、行政型ADRとして、都道府県に社会福祉サービスに関する苦情解決を専門に扱う運営適正化委員会が設置されることになるなど増えてきています。つまり、行政が司法の機能に近い分野にも進出して、それを法律で定めるようになっているということですね。

三つ目としては、法律の規範性、強要性の薄い法律が増えているのではないか、いわゆる基本法、推進法や政策大綱的な法律が増加していると言われています。

次に、条例については、右記の三点に加え、地方分権改革に伴い、法律によらない自主的な条例制定が多くなったこと（近年では、二〇一五年（平成二七年）に施行された空家等対策の推進に関する特別措置法の制定前の空き家対策の条例が代表例）や、法律の規定に基づき条例で制定しなければならない事柄が多くなったこと（自治体の事務について国が法令で事務の実施やその方法を縛っている状況の改善を目的に行われてきたいわゆる「義務付け・枠付けの見直し」のための数次にわたる「地域の自主性及び自立性を高めるための改革の推進を図るための関係法律の整備に関する法律」に基づく条例の制定が代表例）が挙げられよう。

以上から、現代社会においては、社会の様々な課題への行政機関の関わりが多くなったので、行政機関を規律するために法律や条例が多くなっているといえる。

三　「政治は法律に適合させられるべきである」

「イギリスの比較的新しい法格言である」（柴田光蔵『法格言ア・ラ・カルト』〔日本評論社、一九八六年〕三〇頁）。

国民を支配する道具として法律を捉える考え方に対極に位置する法格言である。権力を行使する者は、法律に従ってこれを行使しなければならないという考え方である。

1　立憲主義

歴史的に見れば、ヨーロッパにおいて国王の権力を法によって制限するために出てきた考え方であった。その後、主権が国王から国民に移り、法律の上位に位置する憲法が制定されるようになってからは、政治よりも憲法を優位に置く考え方、すなわち「立憲主義」を体現した法格言といえる。政治の力によって法律を変えることができても、その力でもってしても、憲法に違反してはならないのである。

「立憲主義」とは、憲法を国民ではなく国家権力（ここでは、法律又は条例の規定に基づき国又は自治体が行使する権力をいうものとして捉える）を縛るものと捉える考え方である。憲法は、何よりも国家権力を制限するための法なのである。

国家権力は、国民の安全を確保し、社会の秩序を維持するため、必要に応じて行使される。例えば、犯罪人を正当に処罰できるのは、国家権力のみである。また、税金を強制的に徴収できるのも、国家権力のみである。

国家権力は、歴史を振り返れば明らかなように、行使の仕方を誤ると、国民の権利利益を侵害する。国家権力の暴走により国民の生命が軽んじられたことが度々あった。そのため、国家権力に歯止めが必要となる。つまり、法律や条例でもってしても超えられないハードルを設けておく必要があり、憲法の規定がそのハードルとなっているのである。国民の権利を制限し、又は義務を課する根拠規定を憲法に直接置こうとするのは、立憲主義の考え方に反することを理解しておく必要がある。当該規定が憲法に置かれると、国家権力に歯止めがなくなり、時の国家権力により国民の権利利益を侵害できるようになってしまう。そうした事態にならないよう、当該規定は、憲法による制限の下、法律又は条例に置かれるべきなのである。

国家権力を行使するのは、それぞれの職場で権限を有する公務員である。各省庁の大臣、知事や市町村長はもちろんのこと、自治体の長を補助する自治体職員もそうである。自治体職員は、国家権力の担い手の一人であることを自覚し、常に適正な行使を心掛けなければならない。

2　公務員に課された服務の基本

次に、日本国憲法の前文の内容を確認したい。

○日本国憲法（昭和二一年一一月三日憲法）

前文（抜粋）

そもそも国政は、国民の厳粛な信託によるものであつて、その権威は国民に由来し、その権力は国民の代表者がこれを行使し、その福利は国民がこれを享受する。

権力の源（国家の意思が形成される場合にそれを最終的に決定する最高の権力）は国民にある。国や自治体の政治は、（税金を支払う）国民又は住民から（権限と財源の）信託（信頼して任せること）を受けたものであり、この信託に基づき、（受託者としての）公務員は、（委託者たる）国民又は住民に対して奉仕しなければならず、その奉仕の内容が国民又は住民全体の利益（公共の利益）を増進するものでなければならない。

こうした考え方を踏まえ、公務員は、全体の奉仕者であり、憲法を尊重し、擁護する義務が課されている（憲法一五条二項・九九条、地方公務員法三〇条）。そして、服務の宣誓をしなければならないこととなっている（地方公務員法三一条）。さらには、法令等及び上司の職務上の命令に従う義務が課されている（同法三一条）。

服務の宣誓の根拠は、法律と条例にある。上司からの職務命令ではない。よって、自治体の首長や上司に向かって宣誓するのではない。住民に向かって宣誓するのである。そのことに思いを致し、時には宣誓をした内容を思い出し、あるべき公務員像を自覚するようにしたいものである。

○日本国憲法（昭和二一年一一月三日憲法）
第一五条　略
2　すべて公務員は、全体の奉仕者であつて、一部の奉仕者ではない。
3～4　略
第九九条　天皇又は摂政及び国務大臣、国会議員、裁判官その他の公務員は、この憲法を尊重し擁護する義務を負ふ。

○地方公務員法（昭和二五年一二月一三日法律第二六一号）
（服務の根本基準）
第三〇条　すべて職員は、全体の奉仕者として公共の利益のために勤務し、且つ、職務の遂行に当つては、全力を挙げてこれに専念しなければならない。

（服務の宣誓）
第三一条　職員は、条例の定めるところにより、服務の宣誓をしなければならない。
（法令等及び上司の職務上の命令に従う義務）
第三二条　職員は、その職務を遂行するに当つて、法令、条例、地方公共団体の規則及び地方公共団体の機関の定める規程に従い、且つ、上司の職務上の命令に忠実に従わなければならない。
○（京都市）職員の服務の宣誓に関する条例（昭和二六年四月一日条例第一号）
（職員の服務の宣誓）
第二条　新に職員となった者は、別記様式による宣誓書に署名してからでなければ、その職務を行ってはならない。
（別記）様式一　（教育公務員、消防職員及び公営企業の職員を除くその他の職員）
宣　誓　書
私は、ここに主権が国民に存することを認める日本国憲法を尊重し、且つ擁護することを固く誓います。
私は、地方自治の本旨に徹すると共に、公務を民主的且つ能率的に運営すべき責務を深く自覚し、市民の奉仕者として誠実且つ公正に職務に従事することを誓います。
年　月　日
氏　名　印

3 法律による行政の原理

「法律による行政の原理」とは、行政活動は法律に従って行われなければならないというものであり、「法治主義」とも呼ばれる。

この原理は、「法律の優位」と「法律の留保」の二つの要素を含んでおり、それぞれの意味は、次のとおりである（髙木光『行政法』（有斐閣、二〇一五年）五六～五七頁）。

「法律の優位」というのは、「法律が存在する場合に行政活動はそれに従わなければならず、法律に反した行政活動は違法と評価される」という原則である。他方、「法律の留保」というのは、「一定の行政活動には法律の根拠が必要であり、法律が存在しない場合、行政活動をすること自体が許されない（＝違法と評価される）」という原則である。

なお、ここでいう「法律」には、法律のほか、憲法、条約、政省令、条例などの成文の法及び条理などの不文の法も含意している（芝池義一『行政法読本〔第四版〕』（有斐閣、二〇一六年）四七頁）。

ところで、法律や条例の条文を見ると、国民に対しては「……しなければならない。」などと義務付ける規定が目立つ。一方、行政機関に対しては「……しなければならない。」とともに、「……できる。」という規定が目立つという印象を持つのではなかろうか。

例えば、都市計画法を例に挙げると、次のとおりである。

○都市計画法（昭和四三年六月一五日法律第一〇〇号）※傍線は筆者による。

（開発行為の許可）

第二九条　都市計画区域又は準都市計画区域内において開発行為をしようとする者は、あらかじめ、国土交通省令で定めるところにより、都道府県知事（中略）の許可を受けなければならない。ただし、次に掲げる開発行為については、この限りでない。

一～一一　略

2～3　略

（開発許可の基準）

第三三条　都道府県知事は、開発許可の申請があつた場合において、当該申請に係る開発行為が、次に掲げる基準（中略）に適合しており、かつ、その申請の手続がこの法律又はこの法律に基づく命令の規定に違反していないと認めるときは、開発許可をしなければならない。

一～一四　略

2～8　略

（監督処分等）

第八一条　国土交通大臣、都道府県知事又は市長は、次の各号のいずれかに該当する者に対して、都市計画上必要な限度において、この法律の規定によつてした許可、認可若しくは承認を取り消し、変更し、その効力を停止し、その条件を変更し、若しくは新たに条件を付し、又は工事その他の行為の停止を命じ、若しくは相当の期限を定めて、建築物その他の工作物若しくは物件（以下この条において「工作物等」という。）の改築、移転若しくは除却その他違反を是正するため必要な措置をとることを命ずることができる。

一　この法律若しくはこの法律に基づく命令の規定若しくはこれらの規定に基づく処分に違反した者又は当該違反の事実を知つて、当該違反に係る土地若しくは工作物等を譲り受け、若しくは賃貸借その他により当該違反に係る土地若しくは工作物等を使用する権利を取得した者

二～四　略

2～4　略

このことから、国民の様々な行為が法律や条例によって縛られているように見える。しかし、実は、法律又は条例による制約がなければ国民は自由だというのが出発点となっていることに留意しなければならない。法律又は条例に「……できる。」との規定がなくても、自由に「できる」のである。法律又は条例上の根拠規定があって初めて、国民の自由が制限されるのである。

一方、行政機関については、公権力を行使する権限が法律又は条例で根拠付けられなければ、これを行使できないことに留意しなければならない。「法律による行政の原理」に基づき、行政機関に権限を付与するために、法律又は条例に「……できる。」との規定が置かれるのである。

なお、「……しなければならない。」ではなく、「……できる。」との規定の場合、行政機関が権限を行使するのか否かについて裁量があると考えられている。しかし、全く自由な裁量で判断してよいのではない。与えられた権限の適時的確な行使が求められていることにも留意が必要である。

ここで改めてこの原理の効果や機能を整理すると、次のとおりである（亀田健二「行政法学から見た『法律による行政の原理』」公法研究七二号（二〇一〇年）二四頁）。

① 「法律」によって行政機関に権限を与える機能

② 「法律」によって、行政機関による活動（行政）に対して正統性を与える効果

③ どのような行政が行われるのかということが予測できるようにする機能（予測可能性）

④ 「法律」によって行政をコントロールし、行政による権利侵害を防止する機能（権利保護機能）

⑤ 「法律」で基準を定めることによって、不公平な行政が行われないようにする機能（公平性の担保）

⑥ 「法律」によって、行政の必要性、正当性、合理性を担保する機能

これらの効果や機能から気付くべきは、この原理には、国民は法律に従わなければならないという意味を含んでいないということである。

このようなことから、本節の法格言の理念は、公務員が日々法律又は条例に基づいて仕事を行う場合にも、決して忘れてはならない。すなわち、国民に対して法令遵守を求める前に、公務員は、憲法はもちろんのこと、法律及び条例に従い適切に公権力を行使しなければならないという意識を強く持たなければならない。法律又は条例に拠らない公務員の恣意的な行為により、国民の人権その他の権利利益を侵害することは、決して許されないのである。

四　「緊急は法律をもたない」

一二世紀の教会法（グラティアーヌスの法令集）に見える法格言である（柴田前掲書一一四頁）。現代において「緊急避難」と呼ばれているものである。日本の法律では、次のとおり、刑法三七条と民法七二〇条二項に「緊急避難」に関する規定がある。

○刑法（明治四〇年四月二四日法律第四五号）

（緊急避難）

第三七条　自己又は他人の生命、身体、自由又は財産に対する現在の危難を避けるため、やむを得ずにした行為は、これによって生じた害が避けようとした害の程度を超えなかった場合に限り、罰しない。ただし、その程度を超えた行為は、情状により、その刑を減軽し、又は免除することができる。

2　前項の規定は、業務上特別の義務がある者には、適用しない。

○民法（明治二九年四月二七日法律第八九号）

（正当防衛及び緊急避難）

第七二〇条　他人の不法行為に対し、自己又は第三者の権利又は法律上保護される利益を防衛するため、やむを得ず加害行為をした者は、損害賠償の責任を負わない。ただし、被害者から不法行為をした者に対する損害賠償の請求を妨げない。

2　前項の規定は、他人の物から生じた急迫の危難を避けるためその物を損傷した場合について準用する。

1　法律に根拠のない対応

東日本大震災の発生直後における対応で、法律に根拠のない対応が迫られたのは、記憶に新しい。

例えば、「『平成二三年（二〇一一年）東北地方太平洋沖地震』の発生を受けた墓地、埋葬等に関する法律に基づく埋火葬許可の特例措置について」（平成二三年三月一四日付健衛発〇三一四第一号）により、市町村長による埋火葬許可証が発行されない場合でも代替措置により遺体の埋火葬を認める特例措置について厚生労働省から通知されている。

本来、墓地、埋葬等に関する法律五条一項の規定により、市町村長の許可を受けなければ遺体の埋葬や火葬を行うことができない。ところが、震災により亡くなった人が極めて多数のため、許可証の発行を待っていたのでは公衆衛生上の被害が発生する可能性が否定できないことから、許可証に代わる証明書の発行という簡略化した手続を経て埋火葬を認めたものである。これは、厚生労働省の通知をもって法律の規定を書き換えたといえる。

○墓地、埋葬等に関する法律（昭和二三年五月三一日法律第四八号）

第一条　この法律は、墓地、納骨堂又は火葬場の管理及び埋葬等が、国民の宗教的感情に適合し、且つ公衆衛生その他公共の福祉の見地から、支障なく行われることを目的とする。

第五条　埋葬、火葬又は改葬を行おうとする者は、厚生労働省令で定めるところにより、市町村長（特別区の区長を含む。以下同じ。）の許可を受けなければならない。

2　略

第八条　市町村長が、第五条の規定により、埋葬、改葬又は火葬の許可を与えるときは、埋葬許可証、改葬許可証又は火葬許可証を交付しなければならない。

○墓地、埋葬等に関する法律施行規則（昭和二三年七月一三日厚生省令第二四号）

第一条　墓地、埋葬等に関する法律（昭和二三年法律第四八号。以下「法」という。）第五条第一項の規定により、市町村長（特別区の区長を含む。以下同じ。）の埋葬又は火葬の許可を受けようとする者は、次の事項を記載した申請書を、同条第二項に規定する市町村長に提出しなければならない。

一　死亡者の本籍、住所、氏名（死産の場合は、父母の本籍、住所、氏名）

二　死亡者の性別（死産の場合は、死児の性別）

三　死亡者の出生年月日（死産の場合は、妊娠月数）

四　死因（感染症の予防及び感染症の患者に対する医療に関する法律（平成一〇年法律第一一四号）第六条第二項から第四項まで及び第七項に規定する感染症、同条第八項に規定する感染症のうち同法第七条に規定する政令により当該感染症について同法第三〇条の規定が準用されるもの並びに同法第六条第九項に規定する感染症、その他の別）

五　死亡年月日（死産の場合は、分べん年月日）

六　死亡場所（死産の場合は、分べん場所）

七　埋葬又は火葬場所

八　申請者の住所、氏名及び死亡者との続柄

このように、行政法の世界において、緊急避難的に法律に基づかない対応を迫られることが現にあったのである。

2 法律解釈による正当化の方法

では、厚生労働省の通知をもって法律の規定を書き換えたことは、どのような法律解釈により正当化できるのであろうか。

① 平時のみを想定した立法は、非常時には役立たない。
② 非常時における法の解釈は、平時における法の解釈と同一にする必要はない。

非常時における合理的な対応を妨げる法令の規定があれば、①と②の考え方に基づき、具体的には次のような柔軟な法律解釈により対処していくことが肝要である。

一九四八年(昭和二三年)九月一三日に発衛第九号として出された厚生省事務次官通達「墓地、埋葬等に関する法律の施行に関する件」では、「そもそも人の死に係るこれ等の事務は一面公衆衛生の見地より、その指導等取締の徹底を期する必要があるのであるが他面その執行の適否は、国民の宗教的感情に至大の関係があるのに鑑み左記事項に特に留意の上本法施行に遺憾なきを期せられ度く、命によって通知する。」としたうえで、記一に「法第一条の趣旨徹底」と題して、「法第一条は、本法全般を施行する上の指導原理とも称すべきものであって、例えば埋葬、火葬等の許可事務又は墓地、火葬場等への立入検査は常にこの原理に立脚して、実施せられるべきものというべきである。（改行）本法の施行が、徒に事務的に流れて宗教的感情を無視する如き取扱をすることは、本条の趣旨に背反するものというべきであって、本法施行の任に当る当該吏員、市町村吏員等に対しては特にこの趣旨の徹底に努めること。」とされた。

「国民の宗教的感情に適合し、且つ公衆衛生その他公共の福祉の見地から、支障なく行われることを目的とする。」との墓地、埋葬等に関する法律一条の規定からすると、国民の宗教的感情の適合と公衆衛生は並列関係にあるが、この通達では国民の宗教的感情に特に留意すべきとされた。これは、二条以下では「宗教」や「感情」という言葉が一切使われず、墓地、納骨堂又は火葬場の管理及び埋葬等に関する事務について淡々と書かれていることが背景にあると考えられる。

とはいうものの、この通達の冒頭で、「そもそも人の死に係るこれ等の事務は一面公衆衛生の見地より、その指導等取締の徹底を期する必要がある」とされていることからも明らかなように、三条以下では、公衆衛生上の被害発生の防止に主眼を置いて規定されているといえる。よって、大災害の発生時には、同条以下の定めに従って事務を進めると一条の目的を達成できないことが明らかなときには、当該目的を達成するため法律の規定に拠らない対応（厚生労働省からの通知に基づく対応）ができると考えるべきである。

これは、「比附」と呼ばれている法律解釈である。これは、「当面するケースについて制定法の条文・慣習法・判例法が欠缺している場合に、『諸事項』を参照して、ある制定法の条文・慣習法・判例（一つないし複数）から、不当でない範囲でヨリ一般的な内容の法命題を取り出して適用する技法」であり、「法文の概念を拡大して適用する拡張解釈、法文の概念と本質的な類似性を共有していることを理由にした類推適用等が使えない場合に、比附が活用される」とされている（笹倉秀夫『法解釈講義』〔東京大学出版会、二〇〇九年〕一二七～一二八頁）。

墓地、埋葬等に関する法律に基づく埋火葬許可の特例措置について言えば、次のとおりとなる。すなわち、大災害により多数の遺体を速やかに埋火葬しなければならない非常時における対応を定めたルールがなく、同法は通常時における手続のみを定めている。よって、公衆衛生上の被害の発生を防止するという同法一条の趣旨から、当該非常時においては同条の目的を達成するため必要な限度において同法五条一項の規定に代わる措置を講じられるとの法命題を導き出し、この命題を根拠に厚生労働省が当該特例措置を定めたと解釈するのである。

3 条例による補完

比附は、法の欠缺（不存在）があると認められる場合に、新たな法命題を導くという高度な技法である。そのため、この法命題の妥当性について賛否両論の意見が出てくることもありうる。例えば、非常時には法律による制限がなくなり、国民が自由に埋火葬を行えるのであればともかく、許可証に代わる証明書の発行という簡略化した手続を経なければ埋火葬が認められないという制限を厚生労働省の通知をもって行っていることは、「法律による行政の原理」の観点からして疑問がある。よって、その場合は、法の欠缺を条例で補い、その正当性を担保する（厚生労働省の通知の内容を条例で規定する）ことに積極的になるべきである。

このように、比附により一般的な法命題を導き、これを条例で制定することこそが、これからの時代に求められるコンプライアンスの実践の一つである。

なお、埋火葬許可の特例措置については、二〇一三年（平成二五年）の災害対策基本法の改正により、著しく異常かつ激甚な非常災害であって、当該災害により埋葬又は火葬を円滑に行うことが困難となったため、公衆衛生上の危害の発生を防止するため緊急の必要があると認められるものが発生した場合には、当該災害を政令で指定するものとされ（同法八六条の四第一項）、厚生労働大臣は、当該指定があったときは、厚生労働大臣の定める期間に限り、墓地、埋葬等に関する法律五条及び一四条に規定する手続の特例を定められるようになった（同条二項）。

第二章　コンプライアンスとは？

一　「法は静止しているわけにはゆかない」

1　コンプライアンスの本来の意味とその変化

コンプライアンス（Compliance）という言葉の語源は、「動詞 comply から来ている。この動詞は『完全、完成する』を意味する complete と『提供・供給する』という意味の supply が合体した言葉で、従うことによって完全なものを提供する、あるいは完全なものになる、といった意味が含まれている」（浜辺陽一郎『コンプライアンスの考え方』（中公新書、二〇〇五年）一五～一六頁）。こうした語源のニュアンスを出す日本語として、「法令遵守」と訳されたと考えられる。

しかし、実態に合わなくなった法令であっても、定められたとおりにしさえすればよい、あるいは法令で定められたこと以外はしないというのでは、住民の信頼が得られるものではない。なぜ法令を守らなければならないのかという批判の声があれば、その声を封じ、「法令遵守」を自己目的化してはいけない。その声を謙虚に聴き、その批判が的を射ていると認められれば、法令を改めるのに躊躇してはならない。信頼される行政運営を行うためには、「法令遵守」は当然のこととして、その上で、社会経済情勢や市民生活の現状を見据え、時宜にかなった対応を行っていく必要がある。

このような考え方は、既にロスコー・パウンドが次のとおり説いていた（福永有利ほか『法のことわざと民法』〔北海道大学図書刊行会、一九八五年〕三二頁）。

二〇世紀アメリカを代表する法学者ロスコー・パウンド（一八七〇－一九六四）は、一九二二年と一九五〇年との二度の講演（義）を「法は安定していなければならないが、しかもなお静止しているわけにはゆかない」という言葉で始めている。前者の講義（『法律史観』）では、より一般的に安定と変化という二つの相互に矛盾する要請の調和の問題を論じ、法の革新に法学者が積極的に関与すべきことを説いた。後者の講演（『法の新しい道』）では、自由主義から生ずるさまざまな障害の克服と、法の将来進むべき道を論じた。パウンドは、法を社会統制、社会的目的の達成、社会的利益の確保の手段とみる。それゆえ、不断に変化する社会的正義の要請に適合するように、法が改変・創造されることを要求するのである。

2　郷原信郎氏の考え方

弁護士の郷原信郎氏は、その著書で「コンプライアンス」とは「法令遵守」を意味するのではなく

「組織が社会からの要請に応えること」であると述べている（『組織の思考が止まるとき――「法令遵守」から「ルールの創造」へ』〔毎日新聞社、二〇一一年〕九二～九三頁）。以下、少し長くなるが、理解に資するため、同書からいくつか抜粋しよう。

○五六頁（第二章　検察はなぜ社会の信頼を失ったのか）

組織が社会から信頼されるのは、その組織が社会からの要請に応えていると世の中の多くの人が認識しているからであり、その前提として、その組織が、社会から何を要請されているのかが明確になっていなければならない。

○九一～九二頁（第三章　コンプライアンスを考え直す）

二〇〇〇年以降、グローバリズムの名の下に各方面で日本社会のアメリカ化が進められる中で、法令や契約を社会内の問題解決手段として最大限に使いこなすアメリカで「法令を守ること」という意味で使われるComplianceが、「法令遵守」という訳語と結び付けて使われるようになった。日本の社会における法令や司法の位置付けのアメリカとの違いが考慮されることなく、企業などの組織の取り組みとして重視されるようになり、「法令遵守」という意味のコンプライアンスが社会全体を覆い尽くしていくこととなった。

それは、日本社会に二つの大きな弊害をもたらした。一つは、それまで日本の社会に定着していた「建前としての法令遵守」が一層強化され、多くの組織が、抽象的に「法令遵守」の方針を宣言し、上から下へ「法令遵守」を命令し、徹底する、という動きが組織内で強まっていったことである。それは、組織内で「法令遵守」上の問題が発生した場合の「言い訳」に過ぎないものであった。そして、一方で、各分野で、「法令遵守」の錦の御旗を背景に、法令による規制が強められ、法令上の義務に単純に服従することが求められ、それに従わない場合には、行政処分、刑事罰等によるペナルティを科すことが当然視されるようになった。

社会における問題解決を法令中心に行うための基盤が十分に整備されず、社会や経済の実態と法令とを適合させるためのシステムも十分ではないのに、「法令遵守」が社会全体で浸透していったことで、社会内の組織には、「何も考えないで法令規則を単純に守ればよい」という考え方が蔓延し、それが、社会全体の思考停止に陥らせることになった。

○二四六頁（終章　ルールの創造へ）

では、「遵守」から脱却して、一体どういうアプローチをしていったらよいのか。そこで提案したいのが、「ルールを作る」・「ルールを活かす」・「ルールを改める」ということだ。

3　京都市の考え方

郷原氏のこうした考え方を参考に、京都市では、二〇〇九年（平成二一年）に策定した京都市職員コンプライアンス推進指針において、次のとおり「コンプライアンス」を定義付けた。

「コンプライアンス」とは、市民に信頼される行政運営のために、「法令に従い、これを確実に守るという基本を徹底するとともに、常に『法の一般原則』に立ち返り、創造的かつ主体的に職務を遂行すること」と定義します。

※　法の一般原則…具体的には、従来の「信義誠実の原則」、「権限濫用の禁止原則」、「比例原則」及び「平等原則」に加え、現在では「市民参加原則」、「説明責任原則」、「透明性原則」、「基準準拠原則」及び「効率性原則」を含意するものとしてとらえられています。

郷原氏のいう「ルールを作る」・「ルールを活かす」・「ルールを改める」という考え方は、この指針の「創造的かつ主体的に職務を遂行する」という言葉に表れている。

なお、「法の一般原則」は、現行法の具体的な規定を合理的に解釈し、適用したり、現行法の不十分なところを補い、妥当な結論を導き出したりする際の拠り所となる基本的な決まりである。また、現行法の具体的な規定を包摂する基本的な決まりでもある。更には、立法の際にも、常に念頭に置くべき指針となる。その具体的な内容については、後ほど三（三九頁以下）で解説する。

二　「われわれは、文言ではなくて、意味を考慮する」

この法格言は、ローマ法に由来するとされている（柴田光蔵『ことわざの知恵・法の知恵』〔講談社現代新書、一九八七年〕八〇頁）。「**法律の文言から外れるべきではない**」という格言もあることから（柴田前掲書八一頁）、「文言ではなくて」は、「文言」を全く無視してよいという意味ではない。法令の規定の「文言」を適切に解釈し、適用するには、その「意味」を考慮すること（＝その趣旨を踏まえること）を求めた格言であると考えるべきである。

「意味を考慮する」際、大別すると、その規定を文字通りに読むべきではない場合（この法格言に従った次の1の場合）と、文字通り読むべき場合（この法格言とは異なり、「文言も、意味も考慮」すべき次の2の場合）がある。

1　法令の規定を文字通り読むべきではない事例

法令の規定の趣旨まで立ち返ると、法令の規定を文字通りに読み、機械的に当てはめるのが適切ではないことがある。例えば、職務専念義務を定めた地方公務員法三五条の規定を見てみよう。

○地方公務員法（昭和二五年一二月一三日法律第二六一号）
（職務に専念する義務）
第三五条　職員は、法律又は条例に特別の定がある場合を除く外、その勤務時間及び職務上の注意力のすべてをその職責遂行のために用い、当該地方公共団体がなすべき責を有する職務にのみ従事しなければならない。

勤務時間中にトイレに行ってよいなどと、法律又は条例に特別の定めとして規定されているわけではない。すると、勤務時間中に一回でもトイレに行くと、「その勤務時間及び職務上の注意力のすべてをその職責遂行のために用い」なかったとして、同条に違反することになるのであろうか。そのように同条の規定を文字通り解釈するのが不合理なのは明らかである。

これについては、ホテル業を営む会社の従業員で組織する労働組合が実施したいわゆるリボン闘争が労働組合の正当な行為にあたらないとされた昭和五七年四月一三日最高裁第三小法廷判決（民集三六巻四号六五九頁）における伊藤正己裁判官の次の補足意見が参考になる。

労働者の職務専念義務を厳しく考えて、労働者は、肉体的であると精神的であるとを問わず、すべての活動力を職務に集中し、就業時間中職務以外のことに一切注意力を向けてはならないとすれば、労働者は、少なくとも就業時間中は使用者にいわば全人格的に従属することとなる。私は、職務専念義務といわれるものも、労働者が労働契約に基づきその職務を誠実に履行しなければならないという義務であって、この義務と何ら支障なく両立し、使用者の業務を具体的に阻害することのない行動は、必ずしも職務専念義務に違背するものではないと解する。そして、職務専念義務に違背する行動にあたるかどうかは、使用者の業務や労働者の職務の性質・内容、当該行動の態様など諸般の事情を勘案して判断されることになる。

このような解釈に基づけば、生理的な行為はもちろんのこと、業務と何ら支障なく両立し、業務を阻害しない行為は認められる。例えば、コーヒーやお茶を飲みながら仕事をすることは認められよう。

この点、住民から見て甘い対応だと指摘されることがあるのは、喫煙である。かつては、職場において喫煙しながらの仕事が認められていた。よって、喫煙と職務の遂行を両立させることができた。ところが、職場で喫煙できなくなった現代においては、喫煙者は喫煙が認められた場所に移動して喫煙せざるを得ず、喫煙時は職場を離れているため、職務専念義務に違反しているのではないかとの疑念が持たれるのである。これについては、勤務時間中の喫煙を一切禁止すべきとの意見もある。確かに、嗜好品であることからしても、禁止が過度の規制とはいえないだろう。しかし、工場においてオートメーション化された製造ラインで働く労働者に休憩時間が与えられていることからも明らかなように、勤務時間中に張り詰めた緊張感を持ち続けるのは不可能である。適宜休憩を挟む方が能率的に仕事ができるのが普通である。よって、喫煙以外の方法で緊張感をほぐす方法もあるものの、職務の遂行の妨げとならない限りにおいて喫煙することは、職務専念義務に違反するとまではいえないのではなかろうか。

2 法令の規定を文字通り読むべき事例

1の場合とは異なり、法令の規定の趣旨まで立ち返ると、その規定を文字通りに厳格に読むことが求められるものがある。

刑罰に関する規定は、その最たるものである。犯罪とされる行為の内容と刑罰を明確に規定しておかなければならないとする罪刑法定主義の考え方に基づき、文言を厳格に読まなければならない。

また、「あらたに租税を課し、又は現行の租税を変更するには、法律又は法律の定める条件によることを必要とする。」との憲法八四条の規定から導かれている租税法律主義の原則から、租税法規はみだりに規定の文言を離れて解釈すべきものではないとされている（昭和四八年一一月一六日最高裁第二小法廷判決〔民集二七巻一〇号一三三三頁〕、平成二二年三月二日最高裁第三小法廷判決〔民集六四巻二号四二〇頁〕参照）。

刑罰や租税に関する規定以外でも、厳格に読まなければならないものがある。

生活保護法施行規則一九条の規定の解釈が問題となった事例（平成二六年一〇月二三日最高裁第一小法廷判決〔判例時報二二四五号一〇頁〕）を紹介しよう。まずは、関連する条項を掲げる。

○生活保護法（昭和二五年五月四日法律第一四四号）

（指導及び指示）

第二七条　保護の実施機関は、被保護者に対して、生活の維持、向上その他保護の目的達成に必要な指導又は指示をすることができる。

2　前項の指導又は指示は、被保護者の自由を尊重し、必要の最少限度に止めなければならない。

3　第一項の規定は、被保護者の意に反して、指導又は指示を強制し得るものと解釈してはならない。

（指示等に従う義務）

第六二条　被保護者は、保護の実施機関が、（中略）第二七条の規定により、被保護者に対し、必要な指導又は指示をしたときは、これに従わなければならない。

2　略

3　保護の実施機関は、被保護者が前二項の規定による義務に違反したときは、保護の変更、停止又は廃止をすることができる。

4～5　略

○生活保護法施行規則（昭和二五年五月二〇日厚生省令第二一号）

（保護の変更等の権限）

第一九条　法第六二条第三項に規定する保護の実施機関の権限は、法第二七条第一項の規定により保護の実施機関が書面によつて行つた指導又は指示に、被保護者が従わなかつた場合でなければ行使してはならない。

これは、被保護者が、生活保護法施行規則一九条の規定により書面により行われた生活保護法二七条一項の規定に基づく京都市の福祉事務所長の指示に従わなかったとの理由で同法六二条三項の規定に基づく保護の廃止の決定を受けたことにつき、当該決定はその指示の内容が客観的に実現不可能なものであるから違法であるなどとして、京都市に対し、国家賠償法一条一項の規定に基づく損害賠償を求めた事案である。

ここで争点になったのは、当該書面に指示の内容として記載されていない事情の考慮が許されるかどうかであった。具体的には、当該書面には、指示の内容として、被保護者の特定の業務による毎月の収入を一定の金額まで増収すべき旨が記載されているのみであった。ところが、これとは別に、当該書面に記載されていた事項に代わる対応として自動車の処分を口頭で指導しており、被保護者がその指導の内容を理解していたという事情があった。

この争点について、最高裁は、生活保護法施行規則一九条の規定の趣旨について次のとおり判示し、自動車の処分が指示の内容に含まれると解することはできないとして、当該決定を適法とした控訴審判決を破棄した。

その趣旨は、保護の実施機関が上記の権限を行使する場合にこれに先立って必要となる同項〔生活保護法二七条一項〕に基づく指導又は指示を書面によって行うべきものとすることにより、保護の実施機関による指導又は指示及び保護の廃止等に係る判断が慎重かつ合理的に行われることを担保してその恣意を抑制するとともに、被保護者が従うべき指導又は指示がされたこと及びその内容を明確にし、それらを十分に認識し得ないまま不利益処分を受けることを防止して、被保護者の権利保護を図りつつ、指導又は指示の実効性を確保することにあるものと解される。このような生活保護法施行規則一九条の規定の趣旨に照らすと、上記書面による指導又は指示の内容は、当該書面自体において指導又は指示の内容として記載されていなければならず、指導又は指示に至る経緯及び従前の指導又は指示の内容やそれらに対する被保護者の認識、当該書面に指導又は指示の理由として記載された事項等を考慮に入れることにより、当該書面に指導又は指示の内容として記載されていない事項まで指導又は指示の内容に含まれると解することはできないというべきである。

この判決は、処分庁による恣意を排除し、被保護者の権利の保護を確実なものとするため、書面という形式を重んじている。

「これは、レッキとしたラテン語の法格言で、古代ローマ法の物の考え方の一つの軸を形成したもの」である（柴田前掲書二〇頁）。その意味は、「法というものは、権力の道具となったり、また、横暴さや屁理屈の道具となったりすることが実にはあったりするが、実はそれは法の果たす本筋ではなく、具体的で実際的な紛争解決の場で両当事者にとって妥当で衡平な結論を導き出すための技術や考え方を提供するのが本筋であるということ。また、それを理念に法を運用したりするものであるということ」である（専修大学図書館神田分館のウェブページ〔http://www.senshu-u.ac.jp/libif/lib/introfalib/libkanda.html〕）。

法的な紛争を最終的に解決する場は、裁判所である。そこで行われる裁判において、法の一般原則が判決の正当性の根拠となることがあるが、その背景には、この法格言の趣旨を実現しようという意思があるのではないかと考えられる。

法の一般原則は、自治体職員が現場で法を運用しようとする際にも、常に意識すべきことである。以下では、この原則を具体化した各原則について、行政活動を行うに当たって留意すべき視点に立って紹介し、行政活動においても服すべき原則である旨を説明する。

1　信義誠実の原則

民法一条二項において明文で規定されているものである。行政活動については、同項の「権利の行使」を「権限の行使」と読み替える方が適当である。これは、行政活動においても服すべきものとされている。

自治体の執行機関に関しては、地方自治法一三八条の二において、その趣旨が明文で表れているといえる。「この規定は、昭和二十七年の改正において規定されたものであり、執行機関がその任務を遂行してゆくうえの極めて当然の心構えを明らかにしたもの」（松本英昭『新版逐条地方自治法〔第八次改訂版〕』〔学陽書房、二〇一五年〕四九二頁）とされている。

○民法（明治二九年四月二七日法律第八九号）

（基本原則）

第一条　略

2　権利の行使及び義務の履行は、信義に従い誠実に行わなければならない。

3　権利の濫用は、これを許さない。

○地方自治法（昭和二二年四月一七日法律第六七号）

第一三八条の二　普通地方公共団体の執行機関は、当該普通地方公共団体の条例、予算その他の議会の議決に基づく事務及び法令、規則その他の規程に基づく当該普通地方公共団体の事務を、自らの判断と責任において、誠実に管理し及び執行する義務を負う。

しかし、この原則がいつも当てはまるとは限らないことに注意を要する。

この原則に関連する有名な判例は、租税法律主義よりも優先させるべきかが問題となった昭和六二年一〇月三〇日最高裁第三小法廷判決（判例時報一二六二号九一頁）である。

青色申告の承認を得ずに青色申告書による確定申告を行った納税者に対して、その承認の有無の確認を怠ってその申告を受理していたこと（過少の納税額を収納していたこと）が判明した後、税務署長が不足分を課税（更正処分）できるのかが問題となった。

この争点について、最高裁は、次のとおり判示し、税務署長がその承認があるかどうかの確認を怠り、単に納税者がその承認申請をしていなかったことだけで青色申告の効力を否認するのは信義則に違反し許されないとして更正処分を違法とした控訴審判決を破棄した。

租税法規に適合する課税処分について、法の一般原理である信義則の法理の適用により、右課税処分を違法なものとして取り消すことができる場合があるとしても、法律による行政の原理なかんずく租税法律主義の原則が貫かれるべき租税法律関係においては、右法理の適用については慎重でなければならず、租税法規の適用における納税者間の平等、公平という要請を犠牲にしてもなお当該課税処分に係る課税を免れしめて納税者の信頼を保護しなければ正義に反するといえるような特別の事情が存する場合に、初めて右法理の適用の是非を考えるべきものである。そして、右特別の事情が存するかどうかの判断に当たつては、少なくとも、税務官庁が納税者に対し信頼の対象となる公的見解を表示したことにより、納税者がその表示を信頼しその信頼に基づいて行動したところ、のちに右表示に反する課税処分が行われ、そのために納税者が経済的不利益を受けることになつたものであるかどうか、また、納税者が税務官庁の右表示を信頼しその信頼に基づいて行動したことについて納税者の責めに帰すべき事由がないかどうかという点の考慮は不可欠のものであるといわなければならない。

過少な納税額の確定申告が受理されてきた納税者の立場からすると、その信頼を保護して欲しいという気持ちになる。しかし、税務署のミスにより本来の納税額の不足分の納税を免れるのは、他の納税者との関係でいえば、不平等である。こうしたことから、租税法律主義よりも優先されるのは、判例でいう極めて限られた場合と判示されたものといえる。とはいえ、裁判になったそもそもの原因は、税務署が青色申告の承認の有無を怠ったことにある。この怠りさえなければ、裁判沙汰にはならなかったのである。自治体職員としては、納税者の信頼を失わないよう課税誤りをそもそもしないようにするのが肝要であることを決して忘れてはならない。

2 権限濫用の禁止原則

民法一条三項（四〇頁に掲載）において明文で規定されているものである。これも、行政活動においで服すべきものとされている。

法律や条例において、「〇〇メートル以上」などと具体的な数字で一義的に規定されていれば、客観的にその数字以上であるかどうかが問題となり、行政機関の裁量の余地はない。一方、次の「公益上必要がある場合」のように、何がそれに当たるのか一義的には明らかではない規定が置かれることがある。そのため、訴訟でそのような規定の適用の是非について争われることが多い。

〇地方自治法（昭和二二年四月一七日法律第六七号）
（寄附又は補助）
第二三二条の二　普通地方公共団体は、その公益上必要がある場合においては、寄附又は補助をすることができる。

とはいえ、訴訟で争われやすいから規定の仕方が不適切であるとはいえない。このような規定が置かれるのは、あらゆる場合を想定してあらかじめ具体的な規定を置くのが難しく、具体的な規定として定めるよりも行政機関において事案に応じて適切な判断ができるような規定にした方がよいと考えられるためである。

規定の内容の抽象度が高ければ高いほど、行政機関による判断の自由度が高くなるが、「法律による行政の原理」の下、全く自由になることはない。この点、裁量処分については、幅広い裁量を認めつつも、次の規定により、明文で一定の歯止めがかけられている。

○行政事件訴訟法（昭和三七年五月一六日法律第一三九号）

（裁量処分の取消し）

第三〇条　行政庁の裁量処分については、裁量権の範囲をこえ又はその濫用があつた場合に限り、裁判所は、その処分を取り消すことができる。

裁量処分に関する規定の例として、職員に対する懲戒処分の規定がある。これは、地方公務員法で定める事由による場合に、同法で定める種類の処分しかできないという点において任命権者に裁量の余地はない。一方、懲戒処分をするかどうか、処分をするとしてどの処分をするかについては、任命権者に判断の余地（裁量）がある（同法二七条三項・二九条一項参照）。

○地方公務員法（昭和二五年一二月一三日法律第二六一号）

（分限及び懲戒の基準）

第二七条　すべて職員の分限及び懲戒については、公正でなければならない。

2　職員は、この法律で定める事由による場合でなければ、その意に反して、降任され、若しくは免職されず、この法律又は条例で定める事由による場合でなければ、その意に反して、休職されず、又、条例で定める事由による場合でなければ、その意に反して降給されることがない。

3　職員は、この法律で定める事由による場合でなければ、懲戒処分を受けることがない。

（懲戒）

第二九条　職員が次の各号の一に該当する場合においては、これに対し懲戒処分として戒告、減給、停職又は免職の処分をすることができる。

一　この法律若しくは第五七条に規定する特例を定めた法律又はこれに基く条例、地方公共団体の規則若しくは地方公共団体の機関の定める規程に違反した場合

二　職務上の義務に違反し、又は職務を怠つた場合

三　全体の奉仕者たるにふさわしくない非行のあつた場合

2～4　略

なお、裁量権の逸脱と濫用の関係については、次の記述が参考になる（櫻井敬子『行政法のエッセンス〔第一次改訂版〕』〔学陽書房、二〇一六年〕一二四〜一二五頁）。

裁量権は、あくまでも法律が行政の判断を尊重するのが適切であるとした範囲内で認められるものです。裁量権の逸脱とは、法が認めた裁量の範囲を超えて行政が活動した場合をいいます。これに対して、裁量権の濫用とは、外見上は裁量の範囲内で行われたように見える行政の活動が、事実関係を仔細に検討すると、実は法が想定していない動機、目的の下に行われている場合をいいます（たとえば、個人的な嫌がらせ目的で不許可処分をするような場合）。裁量権の逸脱とは客観的に裁量の範囲を超えること、裁量権の濫用とは主観的に法をないがしろにする脱法行為、と理解すればよいでしょう。

このように、裁量権の逸脱と濫用は、観念的には上記のように一応区別することが可能です。しかし、現実の事案では、どちらにあたるのか必ずしもはっきりしないことが少なくありません。そこで、現在では、裁量権の行使が違法になる場合を一括して指している、と理解しておけば十分です。両者を厳格に区別する実益はほとんどないので、典型的な場合は別として、その違いについては、あまり気にする必要はありません。

櫻井教授が説明する裁量権の濫用に当たるといえる有名な事件がある。児童遊園を設置する具体的な必要性がないにもかかわらず、個室付浴場の営業の阻止を主たる目的として、その予定地より一三四・五メートル離れた場所に児童遊園を町に設置させ、児童福祉施設としてその認可をした知事の措置が行政権の濫用として違法とされた判決である（昭和四九年七月八日仙台高裁判決、昭和五三年五月二六日最高裁第二小法廷判決（民集三二巻三号六八九頁）において原審の判断を正当として是認）。

当時の風俗営業等取締法では、当該営業をするには、その場所の周囲二〇〇メートル以内の区域に公共用施設がないことが条件であった。そこで、山形県及び余目町当局は、当該営業を阻止するという共通の目的を持って、間接的な手段を用いて当該営業をなし得ない状態を作り出すべく、この児童遊園の児童福祉施設への昇格という方法を案出した。そして、余目町としては早急にこれを児童福祉施設とすべき具体的な必要性は全くなかったのに、山形県は余目町に対し積極的に指導、働き掛けを行い、余目町当局もこれに呼応して当該認可の申請に及んだものである。そして、このような目的を持ってなされた当該認可は、「法の下における平等の理念に反するばかりでなく、憲法の保障する営業の自由を含む職業選択の自由ないしは私有財産権を侵害するものであつて、行政権の著しい濫用と評価しなければならない。」とされたものである。

この児童遊園は、児童福祉施設としての基準に適合していた。したがって、客観的に見るとき、当該認可それ自体としては違法とはいえない。しかし、当該認可の個室付浴場の営業を阻止するという目的が問題視され、権限の濫用として違法とされたものである（近年の同様の事例として、パチンコ店の出店を阻止するための図書館条例の改正が国家賠償法上違法とされた平成二五年七月一九日東京地裁判決〔判例地方自治三八六号四六頁〕がある）。

このように、目的を達成するためなりふり構わず、持っている権限を行使すると、これが違法とされることがあるので、注意を要する。

3　比例原則

「現段階において、比例原則とは、最高裁自身が語る概念ではなく、その解釈者によって語られるものであり、」「比例原則はその内容について多様な見方を許すものである」（角松生史「日本行政法における比例原則の機能に関する覚え書き——裁量統制との関係を中心に」政策科学〔立命館大学〕二一巻四号〔二〇一四年三月〕一九二頁）とされている。そこで、ここでは、二つの視点、すなわち、「必要性の原則－規制は必要最小限でなければならない」と「狭義の比例性－目的と手段が不釣り合いであってはならない」（角松前掲論文一九一頁）から説明する。

⑴　必要性の原則

ア　法の執行の際と条例制定の際の留意点　「規制は必要最小限でなければならない」という考え方が端的に表れているのが、警察官の職務行為を規制した警察官職務執行法一条二項の規定である。

○警察官職務執行法（昭和二三年七月一二日法律第一三六号）
（この法律の目的）
第一条　この法律は、警察官が警察法（昭和二九年法律第一六二号）に規定する個人の生命、身体及び財産の保護、犯罪の予防、公安の維持並びに他の法令の執行等の職権職務を忠実に遂行するために、必要な手段を定めることを目的とする。
2　この法律に規定する手段は、前項の目的のため必要な最小の限度において用いるべきものであつて、いやしくもその濫用にわたるようなことがあつてはならない。

この考え方は、警察官以外の公務員も、法律又は条例の規定に基づく執行の際に常に念頭に置くべきものである。

また、新たに条例を制定することにより何らかの規制を行おうとするときにも留意しなければならない。この際に別途法律による規制があれば、それとの関係がどうであるかの検討も必要である。

法律と条例との関係については、憲法と地方自治法にそれぞれ次のとおり規定されている。

○日本国憲法（昭和二一年一一月三日憲法）
第九四条　地方公共団体は、その財産を管理し、事務を処理し、及び行政を執行する権能を有し、法律の範囲内で条例を制定することができる。

○地方自治法（昭和二二年四月一七日法律第六七号）

第一四条　普通地方公共団体は、法令に違反しない限りにおいて第二条第二項の事務に関し、条例を制定することができる。

2～3　略

「法律の範囲内で」と「法令に違反しない限りにおいて」は、同じ意味であると解されており、徳島市公安条例事件判決（昭和五〇年九月一〇日最高裁大法廷判決（刑集二九巻八号四八九頁））で判示された考え方に基づいて検討されなければならない。同判決の判示をまとめると、次のようになる。

a　条例が国の法令に違反するかどうかは、両者の対象事項と規定文言を対比するのみでなく、それぞれの趣旨、目的、内容及び効果を比較し、両者の間に矛盾抵触があるかどうかによってこれを決しなければならない。

b　ある事項について国の法令中にこれを規律する明文の規定がない場合でも、当該法令全体から見て、当該規定の欠如が特に当該事項についていかなる規制をも施すことなく放置すべきものとする趣旨であると解されるときは、これについて規律を設ける条例の規定は、国の法令に違反することとなりうる。

c 特定事項を規律する国の法令と条例が併存する場合でも、次のようなときは、国の法令と条例との間には矛盾抵触はなく、条例は、国の法令に違反しない。

ア 条例が国の法令と別の目的に基づく規律を意図するものであり、その適用によって国の法令の規定の意図する目的と効果を何ら阻害することがないとき。

イ 両者が同一の目的に出たものであっても、国の法令が必ずしもその規定によって全国的に一律に同一内容の規制を施す趣旨ではなく、それぞれの普通地方公共団体において、その地方の実情に応じて、別段の規制を施すことを容認する趣旨であると解されるとき。

イ 条例による規制が違法とされた事例　例えば、高知市普通河川等管理条例事件判決（昭和五三年一二月一二日最高裁第一小法廷判決（民集三二巻九号一七二三頁））は、「河川の管理について一般的な定めをした法律として河川法が存在すること、しかも、同法の適用も準用もない普通河川であっても、同法の定めるところと同程度の河川管理を行う必要が生じたときは、いつでも適用河川又は準用河川として指定することにより同法の適用又は準用の対象とする途が開かれていること」を根拠に、「河川法は、普通河川については、適用河川又は準用河川に対する管理以上に強力な河川管理は施さない趣旨であると解され」、普通河川の管理に関する条例で「河川法が適用河川等について定めるところ以上に強力な河川管理の定めをすることは、同法に違反し、許されない」と判示している。すなわち、この判決では、河川法による規制は、必要最小限の規制であり、これよりも強力な規制を条例により行うことは違法であるとの結論を出している。

この例のように、法律による規制が既にあれば、それが必要最小限の趣旨なのか否かの解釈を避けて通れないことに留意しなければならない。

この判決で問題となった河川に対する規制は、法律を使おうと考えれば容易にそれが可能となる事例であり、条例で別段の規制をする必要性が認められない事例である。

ウ　条例による規制が合法と考えられる事例　　これに対して、条例による規制が合法だと考えられる事例を一つ紹介しよう。それは、訪問販売に対する規制である。

二〇一五年（平成二七年）五月二七日、消費者庁は、消費者委員会の特定商取引法専門調査会（第五回）において、悪質な事業者を排除するため、事前参入規制の導入を提案し、検討を進めることについて賛同が得られた。しかし、その後、意見の一致が見られず、見送りとなった（同年一二月の同調査会報告書二三頁参照）。

一方、これと同時期に、滋賀県野洲市では、訪問販売の規制をしようと検討を始め、消費者庁の案の一つとして出されていた登録制を導入する方針を固め、これを盛り込んだ「野洲市くらし支えあい条例」案を市長が提案し、二〇一六年（平成二八年）六月二一日に野洲市議会において全会一致で可決成立した（登録制に関する条文は、一五六頁に掲載）。その後、同月二四日に公布され、同年一〇月一日から施行された（ただし、条例の経過措置により、登録をしないと同市において訪問販売ができなくなるのは、二〇一七年〔平成二九年〕一〇月一日からである）。

訪問販売については、特定商取引に関する法律第二章第二節において規制されているが、登録制を導入していない。同法の目的は、一条で次のとおり定められている。

○特定商取引に関する法律（昭和五一年六月四日法律第五七号）

（目的）

第一条　この法律は、特定商取引（訪問販売、通信販売及び電話勧誘販売に係る取引、連鎖販売取引、特定継続的役務提供に係る取引、業務提供誘引販売取引並びに訪問購入に係る取引をいう。以下同じ。）を公正にし、及び購入者等が受けることのある損害の防止を図ることにより、購入者等の利益を保護し、あわせて商品等の流通及び役務の提供を適正かつ円滑にし、もつて国民経済の健全な発展に寄与することを目的とする。

一方、条例の目的は、一条で次のとおり定められている（同条でいう「消費者安全の確保」とは、二条一項の規定により、消費者安全法二条三項に規定する消費者安全の確保を意味する）。

○野洲市くらし支えあい条例（平成二八年六月二四日条例第二〇号）

（目的）

第一条　この条例は、消費者と事業者との間の情報の質及び量並びに交渉力等の格差に鑑み、市民の消費生活の安定及び向上並びに消費者安全の確保を図るため必要な措置を講じるとともに、消費者被害その他の市民のくらしに関わる様々な問題の発生の背景にその者の経済的困窮、地域社会からの孤立その他の生活上の諸課題があることを踏まえ、その解決及び生活再建を図り、もって安全かつ安心で市民が支えあうくらしの実現に寄与することを目的とする。

（定義）

第二条　この条例において使用する用語は、次項に定めるもののほか、消費者安全法（平成二一年法律第五〇号。以下「法」という。）において使用する用語の例による。

2　略

○消費者安全法（平成二一年六月五日法律第五〇号）

（定義）

第二条　1～2　略

3　この法律において「消費者安全の確保」とは、消費者の消費生活における被害を防止し、その安全を確保することをいう。

4〜8　略

これらの規定から、両者とも、消費者の被害の防止を目的としているといえる。よって、両者の目的は共通しているので、先述の徳島市公安条例事件判決のcイの基準を踏まえた検討が必要となる。すなわち、特定商取引に関する法律による規制は必要最小限であり、条例でこれよりも厳しい規制を行うことを容認していないかどうかが問題となる。

同判決は、基準aを述べた後、「例えば」と事例を挙げる形で基準b及びcを述べている。これは、結局、極めて抽象的なaの基準のみに照らして判断できることを意味しており、この判例の基準は、岩橋健定弁護士が指摘するとおり、「ほぼ如何なる具体的な帰結をも導きうるほど、極めて柔軟なもの」(岩橋健定「条例制定権の限界――領域先占論から規範抵触論へ」小早川光郎＝宇賀克也編『行政法の発展と変革 下巻』(有斐閣、二〇〇一年)三六五頁)であるといえる。よって、基準cイの「その地方の実情に応じて」は、文理のみに照らして厳格に解釈する必要はない。すなわち、仮に「その地方固有の実情に応じて」という意味であれば、他の自治体においても存在し、又は全国共通の問題に対して自治体が先駆的な取組をすることを否定するもので、妥当ではない。「その地域の実情に応じて」は、他の自治体においても存在し、又は全国共通の問題であっても、規制を行う立法事実(立法の必要性を根拠付ける社会的又は経済的な事実をいう)がその地域に存在する限り、「その地域の実情に応じて」いると考えるべきである。

訪問販売に対する規制は、消費者の消費生活における被害が全国的に絶えない状況下において、規制を厳しくする方向で法律改正が繰り返しされてきた。このような経過を踏まえると、条例が法律よりも先行してより厳しい規制をすることは、その必要性と相応の合理性を有する限り、立法事実が存在すると言え、許容されると考えられる。

条例では、登録制度によって悪質事業者の排除を目指すとともに、訪問販売事業者についての情報を公にし、住民が当該事業者に対してどのように接するのかについての適切な判断に資することを目的としている。よって、登録制を導入する必要性があるといえる。

また、条例は、訪問販売を行うこと自体を禁止するものではない。登録した事業者に限り訪問販売を行えることとしているものの、その登録の要件は、過去に条例違反がなく、暴力団が排除されている限り、誰もが登録できる極めてハードルが低いものになっている。よって、登録制の内容は、相応の合理性を有するといえる。

以上から、この条例は、特定商取引に関する法律に違反しない。

なお、条例によるこのような規制は、その目的を達成するため必要かつ合理的な範囲にとどまっている。よって、憲法二二条一項で保障されている営業の自由（「職業選択の自由」には、営利を目的とする自主的活動の自由である「営業の自由」が含まれる〔佐藤幸治『日本国憲法論』（成文堂、二〇一一年）三〇〇頁〕）に照らしても、合憲である。

○日本国憲法（昭和二一年一一月三日憲法）
第二二条　何人も、公共の福祉に反しない限り、居住、移転及び職業選択の自由を有する。
2　略

⑵　狭義の比例性

「目的と手段が不釣り合いであってはならない」とは、何らかの規制を行おうとする場合でいえば、「行政の用いる規制手段が規制目的に照らして均衡のとれたものであることを要請する」原則である（大橋洋一『行政法Ⅰ 現代行政過程論〔第三版〕』（有斐閣、二〇一六年）五〇頁）。

その例の一つとして、公務員の懲戒処分の運用を挙げよう。最高裁は、懲戒処分を行うに当たって懲戒権者がどの程度の裁量権があるのかについて、次のとおり判示している（昭和五二年一二月二〇日最高裁第三小法廷判決（民集三一巻七号一一〇一頁））。

公務員につき、国公法に定められた懲戒事由がある場合に、懲戒処分を行うかどうか、懲戒処分を行うときにいかなる処分を選ぶかは、懲戒権者の裁量に任されているものと解すべきである。もとより、右の裁量は、恣意にわたることを得ないものであることは当然であるが、懲戒権者が右の裁量権の行使としてした懲戒処分は、それが社会観念上著しく妥当を欠いて裁量権を付与した目的を逸脱し、これを濫用したと認められる場合でない限り、その裁量権の範囲内にあるものとして、違法とならないものというべきである。したがつて、裁判所が右の処分の適否を審査するにあたつては、懲戒権者と同一の立場に立つて懲戒処分をすべきであつたかどうか又はいかなる処分を選択すべきであつたかについて判断し、その結果と懲戒処分とを比較してその軽重を論ずべきものではなく、懲戒権者の裁量権の行使に基づく処分が社会観念上著しく妥当を欠き、裁量権を濫用したと認められる場合に限り違法であると判断すべきものである。

近年、公務員にとって身近な裁量処分でよく争われているのが、飲酒運転をした者に対する懲戒免職処分である。広く知られているように、二〇〇六年（平成一八年）にF市の職員であった者が飲酒運転をして追突事故により子供を死なせた事故を切っ掛けに、飲酒運転は絶対に許すべきではないとの声が高まり、多くの自治体において、たとえ事故を起こさなくても飲酒運転をしただけで懲戒免職処分にするという運用に変えられた。

そのため、誰かに具体的な損害を与えていないにもかかわらず、損害を与える危険性のある行為をしただけで、公務員としての地位を失わせる最も重い処分をすることが、行政事件訴訟法三〇条の規定（四四頁に掲載）に照らして適法かどうかが問題となっている。

これについては、先述の最高裁の判例に照らしてその適法性が判断されるが、下級審の判決を見ると、その判断が分かれている。それは、飲酒運転という点では共通であっても、その行為に及んだ原因、その影響等が事案ごとに異なるからである。この点、先述の判例では、「懲戒権者は、懲戒事由に該当すると認められる行為の原因、動機、性質、態様、結果、影響等のほか、当該公務員の右行為の前後における態度、懲戒処分等の処分歴、選択する処分が他の公務員及び社会に与える影響等、諸般の事情を考慮して、懲戒処分をすべきかどうか、また、懲戒処分をする場合にいかなる処分を選択すべきか、を決定することができるものと考えられる」と判示されており、結局のところ、事案ごとに慎重な判断が求められるのである。

下級審の判断が分かれていること自体は、判例の考え方に照らせば、当然である。よって、飲酒運転には免職しかないという機械的な運用を決してしてはならず、処分内容を決定するに当たっては、判例の考え方に基づき、慎重な検討が求められるのである。

4　平等原則

これは、法の下の平等として憲法一四条で保障されていることは広く知られており、自治体職員においても、日々の業務において意識しているものと思われる。

この規定とは別に、地方自治法にも平等原則を規定した条項があることに注意を要する。同法二四四条三項である。特に、公の施設が集会の場として利用される場合、憲法二一条一項により保障されている集会の自由も意識した対応が求められる。

○日本国憲法（昭和二一年一一月三日憲法）

第一四条　すべて国民は、法の下に平等であつて、人種、信条、性別、社会的身分又は門地により、政治的、経済的又は社会的関係において、差別されない。

2～3　略

第二一条　集会、結社及び言論、出版その他一切の表現の自由は、これを保障する。

2　略

○地方自治法（昭和二二年四月一七日法律第六七号）

（公の施設）

第二四四条　普通地方公共団体は、住民の福祉を増進する目的をもつてその利用に供するための施設（これを公の施設という。）を設けるものとする。

2　普通地方公共団体（次条第三項に規定する指定管理者を含む。次項において同じ。）は、正当な理由がない限り、住民が公の施設を利用することを拒んではならない。

3　普通地方公共団体は、住民が公の施設を利用することについて、不当な差別的取扱いをしてはならない。

集会の自由との関連でいえば、関西新空港反対全国総決起集会の開催のための市民会館の使用許可の申請に対し、市立泉佐野市民会館条例において使用を許可してはならない事由として定める「公の秩序をみだすおそれがある場合」に当たるとして不許可とした処分の適法性が争われた事件が有名である。平成七年三月七日最高裁第三小法廷判決（民集四九巻三号六八七頁）では、憲法二一条、地方自治法二四四条に違反しないとされたものの、その中で次のとおり一般的な考え方を示している。

1 （前略）地方自治法二四四条にいう普通地方公共団体の公の施設として、本件会館のように集会の用に供する施設が設けられている場合、住民は、その施設の設置目的に反しない限りその利用を原則的に認められることになるので、管理者が正当な理由なくその利用を拒否するときは、憲法の保障する集会の自由の不当な制限につながるおそれが生ずることになる。したがって、本件条例七条一号及び三号を解釈適用するに当たっては、本件会館の使用を拒否することによって憲法の保障する集会の自由を実質的に否定することにならないかどうかを検討すべきである。

2 このような観点からすると、集会の用に供される公共施設の管理者は、当該公共施設の種類に応じ、また、その規模、構造、設備等を勘案し、公共施設としての使命を十分達成せしめるよう適正にその管理権を行使すべきであって、これらの点からみて利用を不相当とする事由が認められないにもかかわらずその利用を拒否し得るのは、利用の希望が競合する場合のほかは、施設をその集会のために利用させることによって、他の基本的人権が侵害され、公共の福祉が損なわれる危険がある場合に限られるものというべきであり、このような場合には、その危険を回避し、防止するために、その施設における集会の開催が必要かつ合理的な範囲で制限を受けることがあるといわなければならない。そして、右の制限が必要かつ合理的なものとして肯認されるかどうかは、基本的には、基本的人権としての集会の自由の重要性と、当該集会が開かれることによって侵害されることのある他の基本的人権の内容や侵害の発生の危険性の程度等を較量して決せられるべきものである。本件条例七条による本件会館の使用の規制は、このような較量によって必要かつ合理的なものとして肯認される限りは、集会の自由を不当に侵害するものではなく、また、検閲に当たるものではなく、したがって、憲法二一条に違反するものではない。

（中略）

そして、このような較量をするに当たっては、集会の自由の制約は、基本的人権のうち精神的自由を制約するものであるから、経済的自由の制約における以上に厳格な基準の下にされなければならない（最高裁昭和四三年（行ツ）第一二〇号同五〇年四月三〇日大法廷判決・民集二九巻四号五七二頁参照）。

3　本件条例七条一号は、「公の秩序をみだすおそれがある場合」を本件会館の使用を許可してはならない事由として規定しているが、同号は、広義の表現を採っているとはいえ、右のような趣旨からして、本件会館における集会の自由を保障することの重要性よりも、本件会館で集会が開かれることによって、人の生命、身体又は財産が侵害され、公共の安全が損なわれる危険を回避し、防止することの必要性が優越する場合をいうものと限定して解すべきであり、その危険性の程度としては、〔過去の〕大法廷判決の趣旨によれば、単に危険な事態を生ずる蓋然性があるというだけでは足りず、明らかな差し迫った危険の発生が具体的に予見されることが必要であると解するのが相当である（最高裁昭和二六年（あ）第三一八八号同二九年一一月二四日大法廷判決・刑集八巻一一号一八六六頁参照）。そう解する限り、このような規制は、他の基本的人権に対する侵害を回避し、防止するために必要かつ合理的なものとして、憲法二一条に違反するものではなく、また、地方自治法二四四条に違反するものでもないというべきである。

そして、右事由の存在を肯認することができるのは、そのような事態の発生が許可権者の主観により予測されるだけではなく、客観的な事実に照らして具体的に明らかに予測される場合でなければならないことはいうまでもない。

なお、右の理由で本件条例七条一号に該当する事由があるとされる場合には、当然に同条三号の「その他会館の管理上支障があると認められる場合」にも該当するものと解するのが相当である。

この判例は、自治体職員にとっては極めて重要である。条例に不許可にできる条件が列記されていても、これを判例に照らして厳格に解釈し、運用しなければならないことに留意する必要がある。

5 市民参加原則

自治体の施策に市民（注：ここでは住民と同義で説明する）の意思が反映されなければならないという考

え方に立つと、市民参加は、行政過程のあらゆる段階において要請される。この原則を広く適用するための一般的な法律の規定はないが、近年、パブリックコメントの手続がすっかり定着しているほか、個々の法律又は条例の規定により、市民の意見を反映させる手続が設けられていることが多くなっている。

また、一般的な取り決めとして、自治基本条例で明記されることもある。この点、京都市では、次の京都市市民参加推進条例の一条のとおり「市民参加」を定義付けており、この考え方に基づき、三条において京都市と京都市職員の責務を定めている。

〇京都市市民参加推進条例（平成一五年六月六日条例第二号）

（目的）

第一条　この条例は、本市及び市民が共に市民参加（市民が市政に参加し、及びまちづくりの活動を行うことをいう。以下同じ。）を推進するための基本的事項を定めることにより、市民の知恵と力を生かした市政及び個性豊かなまちづくりの推進に資することを目的とする。

（本市等の責務）

第三条　本市は、京都市情報公開条例の趣旨にのっとり、情報の提供及び公開を推進することにより、政策の形成、実施及び評価の一連の過程における透明性を向上させるとともに、政策の目的、内容、効果等を市民に分かりやすく説明する責務を果たし、もって市民がこれら一連の過程において市政に参加することができるよう、その機会の確保に努めなければならない。
2　本市は、市政に関する市民の意見、提案等を総合的に検討し、これらに誠実に応答するとともに、それらの内容を市政に適切に反映させるよう努めなければならない。
3　本市は、市民による自主的なまちづくりの活動について、これを尊重しつつ、必要な支援を行うとともに、市民との協働に努めなければならない。
4　本市の職員は、基本理念にのっとり、あらゆる職務について、市民参加の推進を図る視点に立ち、公正かつ誠実にこれを遂行しなければならない。

当然のことながら、市民の意見、提案等を聴く機会を設けるだけでは足りない。参加する住民の声に耳を傾けることが必要不可欠である一方、サイレントマジョリティ（物言わぬ多数）の存在を忘れてはならない。彼らの思いをしっかりと把握しなければ、住民の意見を正確に分析することはできない。住民の意見がサイレントマジョリティの思いを代弁しているのか、関心のある少数者の意見であるのかの見極めが必要である。

同条例三条二項でも触れているように、出された意見の採否を検討し、自治体の施策に適切に反映させて初めて、この原則が実行されることになる。

また、住民から意見が出るのを待つのではなく、積極的に住民の声を拾うことに努める必要があろう。例えば、滋賀県大津市では、パブリックコメントの手続の実施に当たり、市民による意見交換会を開催したことがある。筆者が参加した二〇一六年（平成二八年）一一月の意見交換会では、少人数のグループに分かれ、大津市が設置した審議会での検討を経て策定したある計画案について、ワークショップ形式で意見をまとめ、これを各グループが発表した。そして、意見交換会で出された意見を踏まえて、改めて自分の考えをまとめ、別途通常のパブリックコメントの手続にのっとり意見を述べることができるというものであった。市が提案した案だけを読んで意見を述べるのとは異なり、他の市民の意見も聴いたうえで、自分の考えを固め、独りよがりのない意見を出せたので、参加者の満足度が高く、市にとっても実現可能性の高い意見を聴けたという点で、大変有意義であった。

これは、熟慮された民意を政策に反映させることを目指す方法として、有効なものといえよう。ところで、二〇一五年（平成二七年）一二月一三日に開催された二〇一五年度第三回一橋大学政策フォーラム「フューチャー・デザイン――七世代先を見据えた社会の構築を目指して」における吉岡律司氏（岩手県矢巾町職員）による「矢巾町における住民参加型水道事業ビジョン策定とフューチャー・デザイン」（http://www.hit-u.ac.jp/kenkyu/file/27forum3/YOSHIOKA.pdf）は、報告資料に目を通すだけでも内容を把握できる極めて優れた資料である。町に出て一〇〇〇件の聞き取り調査を行うとともに、五〇人余りのサポーターによる施設見学、議論等のワークショップを通じて将来世代の人たちのことも念頭に置いた提案がされるに至った経過が紹介されている。これは、市民参加の優れた手法であり、ぜひ右のURLにアクセスしていただきたい。

6 説明責任原則

(1) 説明責任を課せられる根拠

自治体には、行政活動に対する信頼の確保のため、その内容を住民に分かりやすく説明する責任がある。二〇〇〇年（平成一二年）に廃止された機関委任事務であれば、国から出された通達に従う義務があり、住民から説明を求められても、国が決めたことだからと言い訳するような対応で済ますことができた。しかし、現在では、法律の解釈についても自治体が責任を持って行う必要があり、自らの決定について責任を持ち、その妥当性について丁寧に説明する必要がある。

この原則を広く適用するための一般的な法律の規定はないが、国の行政機関に対する情報公開制度を定めた行政機関の保有する情報の公開に関する法律一条において、この原則は同法の目的の一つとして位置付けられている。

一方、京都市では、京都市情報公開条例一条において「本市の諸活動を市民に説明する責務を果たす」旨を、先述の京都市市民参加推進条例三条一項において「政策の目的、内容、効果等を市民に分かりやすく説明する責務を果たし」ていかなければならない旨を明記している。

○行政機関の保有する情報の公開に関する法律（平成一一年五月一四日法律第四二号）
（目的）
第一条　この法律は、国民主権の理念にのっとり、行政文書の開示を請求する権利につき定めること等により、行政機関の保有する情報の一層の公開を図り、もって政府の有するその諸活動を国民に説明する責務が全うされるようにするとともに、国民の的確な理解と批判の下にある公正で民主的な行政の推進に資することを目的とする。

○京都市情報公開条例（平成一四年四月一日条例第一号）
（目的）
第一条　この条例は、本市の公文書の公開に関し必要な事項等を定めることにより、本市が保有する情報の一層の公開を図り、もって本市の諸活動を市民に説明する責務を果たすとともに、市政に対する市民の理解、信頼及び参加の下にある公正で民主的な市政の推進に資することを目的とする。

⑵　説明責任が問われた事例

この原則に関連して、給付行政、とりわけ社会保障に関する施策について、住民に対して説明を十分に行わなかったために、受けられるべき給付が受けられなかったとして損害賠償責任が問われることがある。特に、説明する義務を定めた直接的な規定が法律や条例になくても、責任が問われうることに留意しなければならない。

近年の事例として、重病で長期療養が必要な児童の両親が児童の監護者に対する援助制度の有無を市の窓口に相談したところ、対応した職員が特別児童扶養手当の制度が存在するにもかかわらず、援助制度はないとの回答をしたため、その両親は当該手当の支給を受けられず、経済的な苦境に陥るなどして精神的な苦痛を受けたと主張して損害賠償請求した事件がある。平成二六年一一月二七日大阪高裁判決（判例時報二二四七号三二頁）では、社会保障制度に関わる窓口の担当者が条理上負っている教示義務に違反した違法があったとして、国家賠償法一条一項の規定に基づき、特別児童扶養手当二級相当額及び慰謝料の損害賠償請求を認めた。

〇国家賠償法（昭和二二年一〇月二七日法律第一二五号）

第一条　国又は公共団体の公権力の行使に当る公務員が、その職務を行うについて、故意又は過失によつて違法に他人に損害を加えたときは、国又は公共団体が、これを賠償する責に任ずる。

2　前項の場合において、公務員に故意又は重大な過失があつたときは、国又は公共団体は、その公務員に対して求償権を有する。

この判決のポイントは、次の記述である（傍線は筆者による）。

制度の周知徹底や教示等の責務が法律上明文で規定されている場合は別として、具体的にいかなる場合にどのような方法で周知徹底や教示等を行うかは、原則として、制度に関与する国その他の機関や窓口における担当者の広範な裁量に委ねられているものということができるから、制度の周知徹底や教示等に不十分な点があったとしても、そのことをもって直ちに、法的義務に違反したものとして国家賠償法上違法となるわけではないというべきである。ただし、社会保障制度が複雑多岐にわたっており、一般市民にとってその内容を的確に理解することには困難が伴うものと認められること、社会保障制度に関わる国その他の機関の窓口は、一般市民と最も密接な関わり合いを有し、来訪者から同制度に関する相談や質問を受けることの多い部署であり、また、来訪者の側でも、具体的な社会保障制度の有無や内容等を把握するに当たり上記窓口における説明や回答を大きな拠り所とすることが多いものと考えられることに照らすと、窓口の担当者においては、条理に基づき、来訪者が制度を具体的に特定してその受給の可否等について相談や質問をした場合はもちろんのこと、制度を特定しないで相談や質問をした場合であっても、具体的な相談等の内容に応じて何らかの手当を受給できる可能性があると考えられるときは、受給資格者がその機会を失うことがないよう、相談内容等に関連すると思われる制度について適切な教示を行い、また、必要に応じ、不明な部分につき更に事情を聴取し、あるいは資料の追完を求めるなどして該当する制度の特定に努めるべき職務上の法的義務（教示義務）を負っているものと解するのが相当である。そして、窓口の担当者が上記教示義務に違反したものと認められるときは、その裁量の範囲を逸脱したものとして、国家賠償法上も違法の評価を受けることになるというべきである。

(3) 住民の目線に立つ必要性

社会保障に関する制度自体が非常に複雑であり、自治体職員にとってもその全体像と個々の制度の詳細を理解するのが難しくなっている。こうした状況下において、(2)の事例のような事態を招かないようにするには、自治体職員は、担当している施策以外の関連する施策についても日頃から関心を持ち、詳細を承知していなくても当たりを付けられる程度の幅広い知識を持っていることが求められているといえよう。

生活保護行政の現場で仕事をするケースワーカーを経験することは、幅広い知識を身に着けるよい機会である。この点、次の指摘は、傾聴に値する（山口道昭『福祉行政の基礎』〔有斐閣、二〇一六年〕二六六～二六七頁）。

行政は縦割りであると一般に理解されている。このことは、国のように大規模な行政組織だけのことでなく、小規模の市町村であっても同様である。そうしたなかで、ケースワーカーは、保護受給者に寄り添うことで、縦割りの行政組織を相手として調整、交渉を行う。このようななかで身につけた能力は実践的であり、その後の職場においても必ず役に立つ。現代の行政は、行政機関内部の閉じられた空間で政策立案や決定がなされるのではなく、住民に開かれた空間で絶えず情報のやりとりをしながら実施されているのである。そして、ケースワーカーは、保護受給者の側に身を置くことで、住民が行政機関をどのように見ているのかを身をもって知ることができる。

現場に近い職員ほど、縦割りの発想では一人前の仕事ができないといえる。ただし、縦割り行政自体が常に悪いとは限らない。様々な行政サービスを提供している現代において、各担当が役割をしっかりと果たすことは必要不可欠である。しかし、それだけでは足りない。立ち位置を変え、住民の目線に立つと、他の部署の役割と自分の役割との関係が見えてくるものである。これらを相互に関連付けて、必要な対応について適切に判断することが求められているのである。よって、右の裁判例でいう「条理」とは、住民の側に身を置いて考えるのが道理であるという意味で捉えるべきである。

7　透明性原則

行政上の何らかの意思決定に至る過程が恣意的ではなく公正に行われるためには、その過程が住民にとって不透明であってはならない。この点、次の行政手続法（同法三条三項の規定により適用除外となるものを除き、自治体の事務も同法の適用を受けることに注意する必要がある）及び京都市行政手続条例において行政運営の透明性の確保を図る旨が明記されているが、先述の京都市市民参加推進条例三条一項においても、市民が市政に参加できるよう「京都市情報公開条例の趣旨にのっとり、情報の提供及び公開を推進することにより、政策の形成、実施及び評価の一連の過程における透明性を向上させ」ていかなければならない旨が明記されている。

〇行政手続法（平成五年一一月一二日法律第八八号）

（目的等）

第一条　この法律は、処分、行政指導及び届出に関する手続並びに命令等を定める手続に関し、共通する事項を定めることによって、行政運営における公正の確保と透明性（行政上の意思決定について、その内容及び過程が国民にとって明らかであることをいう。第四六条において同じ。）の向上を図り、もって国民の権利利益の保護に資することを目的とする。

2　略

（適用除外）

第三条　1～2　略

3　第一項各号及び前項各号に掲げるもののほか、地方公共団体の機関がする処分（その根拠となる規定が条例又は規則に置かれているものに限る。）及び行政指導、地方公共団体の機関に対する届出（前条第七号の通知の根拠となる規定が条例又は規則に置かれているものに限る。）並びに地方公共団体の機関が命令等を定める行為については、次章から第六章までの規定は、適用しない。

○京都市行政手続条例（平成八年八月二二日条例第一五号）

（目的）

第一条　この条例は、行政手続法の規定の趣旨にのっとり、処分、行政指導及び届出に関する手続に関し、共通する事項を定めることによって、本市の行政運営における公正の確保と透明性の向上を図り、もって市民の権利利益の保護に資することを目的とする。

行政活動の透明性が向上することにより、住民や議会による監視の眼が厳しくなる。自治体職員は、そのことを念頭に置いて、日々の業務に従事する必要がある。

8　基準準拠原則

許認可関係において求められる原則である。次のとおり行政手続法や京都市行政手続条例にこの原則を反映した条項がある。

○行政手続法（平成五年一一月一二日法律第八八号）
（審査基準）
第五条　行政庁は、審査基準を定めるものとする。
2　行政庁は、審査基準を定めるに当たっては、許認可等の性質に照らしてできる限り具体的なものとしなければならない。
3　行政庁は、行政上特別の支障があるときを除き、法令により申請の提出先とされている機関の事務所における備付けその他の適当な方法により審査基準を公にしておかなければならない。
（処分の基準）
第一二条　行政庁は、処分基準を定め、かつ、これを公にしておくよう努めなければならない。
2　行政庁は、処分基準を定めるに当たっては、不利益処分の性質に照らしてできる限り具体的なものとしなければならない。
○京都市行政手続条例（平成八年八月二二日条例第一五号）
（審査基準）
第六条　行政庁は、申請により求められた許認可等をするかどうかをその条例等の定めに従って判断するために必要とされる基準（以下「審査基準」という。）を定めるものとする。
2　行政庁は、審査基準を定めるに当たっては、当該許認可等の性質に照らしてできる限り具体的なものとしなければならない。

3　行政庁は、行政上特別の支障があるときを除き、条例等により当該申請の提出先とされている機関の事務所における備付けその他の適当な方法により審査基準を公にしておかなければならない。

（処分の基準）

第一三条　行政庁は、不利益処分の性質上その設定が困難であるときを除き、不利益処分をするかどうか又はどのような不利益処分とするかについてその条例等の定めに従って判断するために必要とされる基準（以下「処分基準」という。）を定めるものとする。

2　行政庁は、処分基準を定めるに当たっては、当該不利益処分の性質に照らしてできる限り具体的なものとしなければならない。

3　行政庁は、行政上特別の支障があるときを除き、処分基準を公にしておかなければならない。

審査基準は、法令の定めで言い尽くされていない限り、これを定め、公にしなければならない。ところが、これに違反して審査基準を定めないまま処分を行ったところ、取消訴訟が提起され、請求が認められた裁判例がある。平成二〇年三月一一日、那覇地方裁判所は、次のとおり判示し、行政財産である市有地の目的外使用許可の申請に対する不許可処分の取消請求を認容した（判例時報二〇五六号五六頁）。

> 以上の行政手続法五条の各規定は、行政庁に対し、できる限り具体的な審査基準の設定とその公表を義務づけ、行政庁に上記審査基準に従った判断を行わせることにより、行政庁の判断の慎重・合理性を担保してその恣意を抑制するとともに、申請者の予測可能性を保障し、また不服の申立てに便宜を与えることにより、不公正な取扱いがされることを防止する趣旨のものであると解されるから、行政庁が判断の前提となる審査基準の設定とその公表を懈怠して、許認可等をすることは許されないと解するのが相当である。
>
> とりわけ、行政財産は、「普通地方公共団体において公用又は公共用に供し、又は供することと決定した財産」（地方自治法二三八条四項）であって、その例外となる目的外使用の許可等については、特定の者に不当な利益を与えたり、又は特定の者が不当な不利益を受けたりすることがないようにするため、行政庁の恣意を排し、不公正な取扱いがされることを防止する必要が高く、審査基準の設定とその公表の必要性は高いというべきである。
>
> しかるに、上記のとおり、被告は本件処分当時、行政財産（港湾施設）の使用許可等について審査基準を設定しておらず、このため、これを公表することもなかったものであるから、本件処分は行政手続法五条に反するものであり、その取消しを免れないというべきである。

許認可等に関する法令の規定の定めが抽象的であれば、審査基準を定めておく必要がある。これが定められていないことだけを理由に処分が違法とされる事態は、決してあってはならない。

9　効率性原則

この原則について、自治体に関しては次の二つの法律に明記されている。

○地方自治法（昭和二二年四月一七日法律第六七号）

第二条　1～13　略

14　地方公共団体は、その事務を処理するに当つては、住民の福祉の増進に努めるとともに、最少の経費で最大の効果を挙げるようにしなければならない。

15～17　略

○地方財政法（昭和二三年七月七日法律第一〇九号）

（予算の執行等）

第四条　地方公共団体の経費は、その目的を達成するための必要且つ最少の限度をこえて、これを支出してはならない。

2　略

この点については、次の記事が大変参考になるので紹介したい。

毎日新聞二〇〇八年一一月一二日朝刊「余録」から

人間が一番いいかげんな金の使い方をするのは他人の金を他人のために使う時だ——そう指摘したのは先年亡くなったノーベル賞受賞経済学者のM・フリードマンである。昨今はとかく評判の悪い市場競争万能の経済思想の大御所だが、この指摘は鋭い▼自分の金を自分のために使う人は節約と効率の双方を心がける。自分の金を他人に使う時は効率に関心が薄くなる。他人の金を自分のために使う際はあまり節約しない。他人の金を他人のために使う人は節約も効率も考えないというわけだ

自治体職員の立場からすると、税金という「他人の金」を住民という「他人」のために使うことになる。すると、フリードマンの指摘に従えば、最も無駄が多くなりがちになる。そのために、右の二つの規定が敢えて置かれているともいえよう。「自分の金を自分のために使う」場合と同じ意識を持って日々の業務に従事する必要がある。

また、予算原則の一つに「ノン・アフェクタシオンの原則」（特定の収入と特定の支出とを結びつけてはならないというもの）がある（神野直彦『財政のしくみがわかる本』〔岩波ジュニア新書、二〇〇七年〕二九頁）。特定の収入と特定の支出とを結びつけてしまうと、特定の収入が存在する限り、特定の支出を計上しなければならなくなる。そうなると、その支出を計上する必要がなくなったとしても、計上しなければならなくなると指摘されている。

この原則を無視すればするほど、硬直した財政運営を強いられ、必要なときに必要な支出ができないという事態が生じる。

例えば、廃棄物の収集に係る手数料収入は、全額当該手数料の徴収及び廃棄物の収集に関する経費に充てることとしていたが、近年、当該経費を大幅に上回る手数料収入があり、これを使い切るため不要不急の経費に充てていたとする。これに対して、一般会計予算全体を見ると、どんな経費であれ、予算の増額は容易ではない状況が続いていたとする。ちょうどその頃、強い地震が発生し、地割れにより使用不可となった公営駐車場の補修工事が喫緊の課題になったとする。ところが、手数料収入の使い道の制約があるため、直ちに当該工事に着手できず、当該駐車場の運営再開が遅れれば、遅れた日数分の駐車料金の収入がゼロとなる。この遅れた日数分の駐車料金の収入見込み額が損失といえる。

駐車料金の収入が途絶えても、一見したところ、何かを失ったようには見えない。しかし、手数料収入を有効に活用していれば駐車料金をより多く得られたにもかかわらず得られなかったという損失が発生すると考えなければならないのである。

このような損失を発生させないようにするためには、「ノン・アフェクタシオンの原則」に基づいた予算編成が不可欠である。

これは、先例にこだわらず、自ら道を切り開いて先例を作り出す、という意味のことわざである。京都市職員コンプライアンス推進指針では、次のとおり解説している。

信頼される行政運営を行うためには、「法令遵守」は当然のこととして、そのうえで、社会経済情勢や市民生活の現状を見据え、「法の一般原則」に照らし、時宜にかなった対応を行っていく必要があります。法令の目的や趣旨を踏まえ、柔軟な思考をもって解釈し、場合によっては、法令そのものを見直していく、又は見直しを求めていくことが必要なのです。

自治体職員は、法令の規定がたとえ現場の実態に合わなくても、その法令を国が改めない限り、その規定に従って事務を進めなければならない。そうした意識を強く持つあまり、自治体の現場では、問題意識を持つことなく、あるいは持っていてもやむを得ないと諦めて事務を進めていることが多い。しかし、本当に法令を改めることしか方法がないのか、法令の規定を柔軟に解釈し直せないか、条例で法令の規定の不備を補えないか等、今一度検討してみると対応可能なケースが多いのではないかと考えられる。

なお、このような対応は、法令の見直しを国に求めたり、条例の制定改廃を検討したりといったレベルのものに限らない。要綱や要領といったレベルで所管課において決めているもので、日々の業務において現状に合わないなど問題点を発見したときも、積極的に対応していくべきである。

以下、いくつか例示しよう。

1　法令の規定の柔軟な解釈～地方自治法施行令一五八条三項の規定による払込方法について

(1)　問　題

自治体は、歳入を収入するときは、納入義務者に対して納入の通知をしなければならない（地方自治法二三一条）。これに対し、納入義務者は、地方自治法施行令一五五条の規定により口座振替の方法による納付が可能である。

また、自治体は、原則として公金の徴収又は収納の事務を私人に委任し、又は行わせてはならないとされているが（地方自治法二四三条）、その例外が地方自治法施行令一五八条一項に定められている。同項の規定により歳入の徴収又は収納の事務を受託した私人（以下「受託者」という）については、歳入の内容を示す計算書を添えて会計管理者又は指定金融機関等に払い込まなければならないと同条三項に規定されているものの、口座振替の方法の可否については明文上明らかではない。

受託者が徴収し、又は収納した公金の払込方法として、口座振替の方法は、払込書による納付とは異なり、金融機関の窓口営業時間中に払込みに行く必要がなくなるため、受託者にも利点がある。
そこで、現行の法令の解釈として採りうる手段であるかどうかが問題となる。

○地方自治法（昭和二二年四月一七日法律第六七号）

（歳入の収入の方法）

第二三一条　普通地方公共団体の歳入を収入するときは、政令の定めるところにより、これを調定し、納入義務者に対して納入の通知をしなければならない。

（証紙による収入の方法等）

第二三一条の二　1〜2　略

3　証紙による収入の方法によるものを除くほか、普通地方公共団体の歳入は、第二三五条の規定により金融機関が指定されている場合においては、政令の定めるところにより、口座振替の方法により、又は証券をもつて納付することができる。

4〜7　略

（私人の公金取扱いの制限）

第二四三条　普通地方公共団体は、法律又はこれに基づく政令に特別の定めがある場合を除くほか、公金の徴収若しくは収納又は支出の権限を私人に委任し、又は私人をして行なわせてはならない。

○地方自治法施行令（昭和二二年五月三日政令第一六号）

（口座振替の方法による歳入の納付）

第一五五条　普通地方公共団体の歳入の納入義務者は、当該普通地方公共団体の指定金融機関若しくは指定代理金融機関又は収納代理金融機関若しくは収納事務取扱金融機関に預金口座を設けているときは、当該金融機関に請求して口座振替の方法により当該歳入を納付することができる。

（歳入の徴収又は収納の委託）

第一五八条　次に掲げる普通地方公共団体の歳入については、その収入の確保及び住民の便益の増進に寄与すると認められる場合に限り、私人にその徴収又は収納の事務を委託することができる。

一　使用料
二　手数料
三　賃貸料
四　物品売払代金
五　寄附金
六　貸付金の元利償還金

2　略

3　第一項の規定により歳入の徴収又は収納の事務の委託を受けた者は、普通地方公共団体の規則の定めるところにより、その徴収し、又は収納した歳入を、その内容を示す計算書（中略）を添えて、会計管理者又は指定金融機関、指定代理金融機関、収納代理金融機関若しくは収納事務取扱金融機関に払い込まなければならない。

4　略

（指定金融機関等における公金の取扱い）

第一六八条の三　指定金融機関、指定代理金融機関、収納代理金融機関及び収納事務取扱金融機関は、納税通知書、納入通知書その他の納入に関する書類（中略）に基づかなければ、公金の収納をすることができない。

2〜4　略

ところで、近年、多くの自治体において、家庭から排出されるごみについては、自治体が指定するごみ袋でないと回収されないこととし、そのごみ袋が、受託者であるスーパーマーケットやコンビニエンスストアなどで販売されている。ごみ袋の販売代金は、ごみの収集の手数料である。

○地方自治法（昭和二二年四月一七日法律第六七号）

（手数料）
第二二七条　普通地方公共団体は、当該普通地方公共団体の事務で特定の者のためにするものにつき、手数料を徴収することができる。

○京都市廃棄物の減量及び適正処理等に関する条例（平成五年三月三一日条例第六七号）※傍線は筆者による。

（一般廃棄物処理手数料）
第五三条　地方自治法第二二七条の規定により、一般廃棄物の収集、運搬及び処分について、別表第一に掲げる手数料を徴収する。
2　略

○京都市廃棄物の減量及び適正処理等に関する規則（平成五年三月三一日規則第一六八号）※傍線は筆者による。

（手数料等の徴収）
第四〇条　本市が定期的に収集する一般廃棄物（ふん尿及び鍋、フライパン、やかんその他の小型の金属製の物を除く。以下この条において同じ。）に係る手数料は、条例別表第一に規定する指定袋と引換えに徴収する。

2　占有者等は、本市が定期的に収集する一般廃棄物の収集、運搬及び処分を受けようとするときは、前項の指定袋を使用しなければならない。

3〜6　略

京都市では、受託者から口座振替の希望が多数寄せられていたことから、問題となったものである。

(2)　問題の検討

納入義務者による歳入の納付については、地方自治法二三一条の二第三項及び地方自治法施行令一五五条という根拠規定があって初めて口座振替の方法による納付が認められたのであり、受託者の口座振替による払込みは、同令に明示の根拠規定がないため実施し得ないとの見解が考えられる。

しかし、納入義務者による納付の場合とは異なり、受託者の口座振替による払込みの可否の問題は、私人が公金を徴収し、又は収納した後における歳入の管理方法の問題である。

公金である以上は、その公金が自治体に払い込まれるべきものであるのは当然であって、公金の払込みに当たり、納入義務者からの納付について認められている口座振替の方法が、明示の根拠規定がないことだけを理由に、受託者からの払込みについては認められないと解すべきではない。公金の管理方法として適切であると認められれば、その方法を採ることができると考えるべきである。

よって、この問題は、明示の根拠規定を要するか否かが問われるのではなく、同令一五八条三項の規定の解釈として口座振替による払込みが認められるか否かを検討すべきである。

同項は、払込みに際して計算書を添えるよう定めていることから、口座振替との関係でこの点をどのように解すべきかが問題となる。

この点、同項の規定の最も重要な点は、払込みに際して「計算書（中略）を添えて」とする点にある。計算書を添付する目的は、指定金融機関等が納入に関する書類に基づかなければ公金を収納できないとする令一六八条の三第一項の規定の趣旨と同じである。すなわち、公金が払い込まれるものであるのかどうか、公金であるとして費目及び金額は正しいものであるのかどうかを会計管理者又は指定金融機関等が確認できるようにするため、これらの内容が分かる書類に基づいて払い込まれるようにするのがその目的である。

この目的からすると、会計管理者又は指定金融機関等は、計算書に基づかずに公金を受領することはできないが、公金の費目及び金額が確認できるものであれば、計算書そのものは必ずしも受託者が作成したものに限られているものではないと考えるべきである。

したがって、自治体又は受託者のいずれかが作成した計算書が添えられれば、その際の払込方法は受託者自身による払込みでも口座振替でもよい。

以上から、口座振替による払込みは、同令一五八条三項に違反するものではない。

(3)　京都市での対応

(2)の結論に基づき、京都市では、受託者から提出されたごみ袋の販売実績報告書の内容に基づき、担当部署が計算書を作成し、金融機関に送付するようにするとともに、受託者が口座振替による払込みができるよう、京都市会計規則に根拠規定を置いた（二〇一五年〔平成二七年〕四月一日施行の改正により、四三条の二第四項本文中「払込書」の右に「又は口座振替（中略）」を加えた）。

○京都市会計規則（昭和三九年四月一日規則第六四号）

（公金収納受託者の収納）

第四三条の二　京都市公金収納受託者は、その収納権限に係る収納金を領収したときは、次に掲げる場合を除き、領収調書（第一三号様式）を作成し、そのうちの領収書を納入義務者に交付しなければならない。

(1)～(8)　略

(9)　京都市廃棄物の減量及び適正処理等に関する条例に規定する本市が定期的に収集する一般廃棄物（ふん尿及び鍋、フライパン、やかんその他の小型の金属製の物を除く。）又は本市が収集する粗大ごみに係る手数料を領収する場合

(10)～(17)　略

2〜3　略
4　京都市公金収納受託者は、その収納権限に係る収納金を領収したとき、又は払込みを受けたときは、払込書又は口座振替（第一項第九号のうち別に定めるものに限る。）により速やかに収納機関（特徴金融機関を除く。）に払い込まなければならない。ただし、（以下略）。
5　略

2　条例による法令の規定の不備の補完〜動物霊園（ペット霊園）の規制について

(1)　問　題

動物霊園については、二〇〇四年（平成一六年）一〇月二一日の泉健太衆議院議員の質問主意書に対する同月二九日の小泉純一郎総理大臣からの答弁書により、法律上の規制はないことが確認されている（**図表1**は、抜粋）。

ところが、泉議員が「その動物霊園事業については設置・運営基準や指針などがどの省庁からも示されていないため、全国各地において、土地開発や施設設置に関する業者と住民や自治体とのトラブル、葬祭契約にまつわる業者と飼い主とのトラブル、法規制があいまいなことによる自治体と住民のトラブル、などが数多く起こっている。」と質問主意書で指摘していた状況があることは、紛れもない事実である。

図表１　動物霊園の規制

質　問	答　弁
動物霊園事業において取り扱われる動物の死体に関する法律は存在するか。	「動物霊園事業」において取り扱われる動物の死体に関する法律は，存在しない。
墓地埋葬法において動物は対象に含まれるか。	動物については，墓地，埋葬等に関する法律（昭和二三年法律第四八号）は，適用されない。
昭和五二年八月三日の厚生省環境衛生局水道環境計画課長回答「動物霊園事業に係る廃棄物の定義について」によると「動物霊園事業において取り扱われる動物の死体は廃棄物の処理及び清掃に関する法律第二条第一項の廃棄物には該当しない。」とされているが，その理由を示されたい。	「動物霊園事業」において取り扱われる動物の死体は，宗教的及び社会的慣習等により埋葬及び供養等が行われるものであるため，社会通念上，廃棄物の処理及び清掃に関する法律（昭和四五年法律第一三七号）第二条第一項に規定する「汚物又は不要物」に該当せず，よって，同項に規定する「廃棄物」には当たらず，同法による規制の対象とはならないと考える。
動物霊園事業に係る「火葬場」「墓地」「葬祭」「納骨堂」の設置及び管理運営の基準に関する法律は存在するか。それら施設の設置及び管理運営は法律によって許可された行為か。	お尋ねの法律は存在せず，よって，お尋ねの「施設の設置及び管理運営」について政府による許可等の制度は存在しない。
動物の火葬場，葬祭場，霊園の設置及び運営の基準，また事業者の認可について，法律が存在しない状態を政府としてどのように認識しているか。	「動物霊園事業」について，現段階においては，新たな法整備を必要とするとは認識しておらず，政府として特段の対応を要するとは考えていない。

⑵　問題の検討

法律上の規制がなければ、条例による規制を検討すべきである。現に、動物霊園を規制する条例を制定している自治体は、既に数多く存在する（例えば、千葉市、相模原市、新潟市など）。

まず、三3⑴ア（五〇頁）で触れた徳島市公安条例事件判決の最高裁の判例に照らして検討すると、法律による規制はないので、基準bに抵触するかどうかが問題となる。⑴の質問主意書で指摘されているとおり、様々なトラブルが起きており、何らかの規制を必要とする立法事実があるといえるので、政府は「新たな法整備を必要とするとは認識して〔いない〕」としても、何らかの規制をすることが禁じられているわけではないと考えるのが合理的である。よって、条例による規制は、基準bに抵触しない。

また、規制の目的を達成するため必要かつ合理的な範囲にとどまる限り、条例による規制は、憲法で保障されている営業の自由や財産権を侵害しているとまではいえず、合憲である。

⑶　京都市での対応

京都市では、住宅地に近接して新たに計画されたペット霊園の設置に対して、近隣の住民が反対した事案の発生を受けて、二〇一五年（平成二七年）七月一日から「京都市ペット霊園の設置等に関する条例」が施行された。他の条例では見られない規制は、都市計画法八条一項一号に規定する用途地域のうち、第一種低層住居専用地域、第二種低層住居専用地域、第一種中高層住居専用地域、第二種中高層住居専用地域、第一種住居地域、第二種住居地域及び準住居地域（納骨堂にあっては準住居地域を、葬儀場にあっては第一種住居地域、第二種住居地域及び準住居地域を除く）においては、原則として、ペット霊園を設置してはならないとしたことである。これは、この条例の立案に先立ち市長の附属機関として設置された「京都市ペット霊園対策検討審議会」から同年一月二七日付の次の答申を受けたものである。

用途地域は、市街地の土地利用の在り方を定めるものである。住居系地域は、「良好な住環境の保護」などを図るため定められている。

この用途地域の考え方は、土地所有者等の土地利用の保護と住民の住環境及び風俗習慣の保護との調和を図るべき本件において、準用すべき基準となる。

また、畜産動物等の処理場を管理する化製場等に関する法律においても、本市が指定する区域では立地が許可制となっており、当該区域指定には用途地域の考え方が用いられている。

例えば、墳墓については、建物を伴わず建築基準法に基づく建築物の用途制限にかからないため、住居系地域においても設置が可能であることから、今回のように住居専用系地域において問題を生じさせている。良好な住環境、又は住居の環境を保護することとされているこれら地域の住民が、住居に近接して墳墓等の住環境への影響を与えるおそれのある施設が設置されることはないと期待することに相当の合理性があると考えられるため、このような施設について、用途地域の考え方を準用して条例で独自に立地規制することには妥当性が認められる。

他の多くの自治体では、近隣とのトラブルを回避するため、住宅等から一定の距離を置く規制が行われている。これに対し、京都市では、右の答申において「都市計画法上、住居の環境を保護することを目的とする住居系地域に限って立地規制を行うことが適切」とされたのである。

3　法令の規定の柔軟な解釈と条例による補完～認可地縁団体について

(1)　問　題

二〇一六年（平成二八年）、国のまち・ひと・しごと創生本部に置かれた「地域の課題解決のための地域運営組織に関する有識者会議」において、地域運営組織の在り方が検討された。この会議では、地域運営組織を「持続可能な地域をつくるため、『地域デザイン』（今後もその集落で暮らすために必要な、自ら動くための見取り図）に基づき、地域住民自らが主体となって、地域住民や地元事業体の話し合いの下、それぞれの役割を明確にしながら、生活サービスの提供や域外からの収入確保などの地域課題の解決に向けた事業等について、多機能型の取組を持続的に行うための組織」（同年一二月一三日の最終報告二頁）と定義したうえで、その取組を推進する上での課題と解決方向の一つとして、「法人化の推進」が取り上げられ、特定非営利活動法人（ＮＰＯ法人）のほか、認可地縁団体（地方自治法二六〇条の二第一項に規定する「地縁による団体」で、同項の規定により市町村長の認可を受けたものをいう）、一般社団法人、株式会社、合同会社など多様な法人制度が比較検討された。

これに先立ち、二〇一四年（平成二六年）二月に三重県伊賀市、三重県名張市、兵庫県朝来市、島根県雲南市の四市は、「小規模多機能自治組織の法人格取得方策に関する共同研究報告書」（http://blog.canpan.info/iihoe/img/1403_rmo_houjinka_final.pdf 以下「共同研究報告書」という）をまとめ、スーパーコミュニティ法人という新たな法人格を制度として設ける必要性を訴えた。共同研究報告書の要旨は、次のとおりである。

「日本の現行制度では小規模多機能自治組織に適した地縁型かつ統合型の法人格が存在しない」ので（共同研究報告書八頁）、「公法人的側面と私法人的側面の両面を持ち、条例による民主的な正当性をもった公的認知を得て地域を代表すると同時に、地域が必要とする様々な公益的な収益事業や公共サービス提供活動を行う」（共同研究報告書一四頁）スーパーコミュニティ法人という新たな法人格を制度として設ける必要がある。

スーパーコミュニティ法人は、次の要件を全て満たす法人とする（共同研究報告書四頁）。

① 自治体内分権（自治基本条例での位置づけ）を前提に、「住民による自治」を担う法人

② 公共的な地域活動、経済活動を分野横断的に統合型で運営できる法人

③　根拠法に規定された条例に基づき、市長が認定することをもって、地域代表制を獲得する法人

④　住民による自律性を尊重できる法人

そして、先述の有識者会議においても、雲南市長から共同研究報告書が紹介され、新たな法人制度が検討されたが、それが会議の最終報告において提案されるには至らなかった（その後、二〇一六年〔平成二八年〕一二月、総務省に「地域自治組織のあり方に関する研究会」が置かれて引き続き検討が行われた。二〇一七年〔平成二九年〕七月七日に公表された報告書によると、新たな地縁型法人制度について検討されたものの、検討の方向性が提示されるにとどまった）。

筆者は、以下に述べるように、この問題については、現行の地方自治法の規定を柔軟に解釈するとともに、条例による補完により、同法による認可地縁団体の制度を最大限に活用して大きく育てることにより、実質的にスーパーコミュニティ法人を設けるのと同じようなことが可能になるのではないかと考えている。仮に、同法の改正又は新たな法律の制定をするとしても、現在の自治会又は町内会の活動の促進につながる内容にすべきである。

⑵　地方自治法の規定の柔軟な解釈

共同研究報告書の八頁において、認可地縁団体の不都合な点が四点挙げられている。これらについては、次のとおり柔軟な解釈を行うことにより克服できる。以下、関係する地方自治法の条項を掲げた後

に、検討する。

○地方自治法（昭和二二年四月一七日法律第六七号）

第二条　1～7　略

8　この法律において「自治事務」とは、地方公共団体が処理する事務のうち、法定受託事務以外のものをいう。

9～12　略

13　法律又はこれに基づく政令により地方公共団体が処理することとされる事務が自治事務である場合においては、国は、地方公共団体が地域の特性に応じて当該事務を処理することができるよう特に配慮しなければならない。

14～17　略

第二六〇条の二　町又は字の区域その他市町村内の一定の区域に住所を有する者の地縁に基づいて形成された団体（以下本条において「地縁による団体」という。）は、地域的な共同活動のための不動産又は不動産に関する権利等を保有するため市町村長の認可を受けたときは、その規約に定める目的の範囲内において、権利を有し、義務を負う。

2　前項の認可は、地縁による団体のうち次に掲げる要件に該当するものについて、その団体の代表者が総務省令で定めるところにより行う申請に基づいて行う。
一　その区域の住民相互の連絡、環境の整備、集会施設の維持管理等良好な地域社会の維持及び形成に資する地域的な共同活動を行うことを目的とし、現にその活動を行つていると認められること。
二　その区域が、住民にとつて客観的に明らかなものとして定められていること。
三　その区域に住所を有するすべての個人は、構成員となることができるものとし、その相当数の者が現に構成員となつていること。
四　規約を定めていること。
3～6　略
7　第一項の認可を受けた地縁による団体（以下「認可地縁団体」という。）は、正当な理由がない限り、その区域に住所を有する個人の加入を拒んではならない。
8～13　略
14　市町村長は、認可地縁団体が第二項各号に掲げる要件のいずれかを欠くこととなつたとき、又は不正な手段により第一項の認可を受けたときは、その認可を取り消すことができる。
15～17　略
第二六〇条の四　略
2　認可地縁団体は、構成員名簿を備え置き、構成員の変更があるごとに必要な変更を加えなければならない。

第二六〇条の五　認可地縁団体には、一人の代表者を置かなければならない。
第二六〇条の一六　認可地縁団体の事務は、規約で代表者その他の役員に委任したものを除き、すべて総会の決議によつて行う。
第二六〇条の一八　認可地縁団体の各構成員の表決権は、平等とする。
2　認可地縁団体の総会に出席しない構成員は、書面で、又は代理人によつて表決をすることができる。
3　前二項の規定は、規約に別段の定めがある場合には、適用しない。

ア「財産取得を目的としており、財産保有又はその予定がない団体は認可の対象とならない。」という点について　地方自治法二六〇条の二第一項において「地域的な共同活動のための不動産又は不動産に関する権利等を保有するため」と規定されていることから明らかなように、必ずしも財産の取得が必要とされているわけではない。例えば、賃貸借でも認められる。地縁団体として何らかの活動をする以上、そのための物理的な場所が不可欠なので、そもそも「不動産又は不動産に関する権利等を保有する」目的がないというものは想定し難いのではないかと考えられる。また、これを主たる目的としなければならないわけでもない。以上のような解釈をすれば、認可の対象とならない地縁団体は想定し難いのではないかと考えられる。

イ「構成員はその地域に住所を有する住民に限定されており、各種団体等は構成員になれず、表決権がない。（賛助会員扱い）」という点について　「町又は字の区域その他市町村内の一定の区域に住所を有する者の地縁に基づいて形成された団体（以下本条において「地縁による団体」という。）」と定める地方自治法二六〇条の二第一項の規定及び「その区域に住所を有するすべての個人は、構成員となることができるものとし、その相当数の者が現に構成員となつていること」と定める同条二項三号の規定に関し、平成三年四月二日自治行第三八号の自治省行政局行政課長通知（以下「自治省通知」という）の記第五の六を見ると、次のように書かれている。

> 法第二六〇条の二第一項の認可を受ける地縁による団体の構成員は、当該団体の区域内に住所を有する個人に限られているが、このことは、区域内に住所を有する法人・組合等の団体が賛助会員等になることを妨げるものではないこと。

自治体には自治省通知に従う義務はないにもかかわらず、これを受けて、筆者が把握する限り、全ての自治体が自治省通知どおりに、認可地縁団体は当該区域に住所を有する者のみで構成されるべきと厳格に解釈し、運用しているようである。

ところが、地方自治法二六〇条の二第一項の規定については、当該区域に住所を有する者の地縁に基づいて形成されることは必要条件に過ぎず、それは当該区域に住所を有しない者を一切排除する趣旨ではないと解釈することも可能である。また、同条二項三号の規定は、区域外の個人が構成員になれるかどうかについて何も言っていない。以上から、自治省通知のような解釈しかできないわけではなく、区域外の個人も構成員になれるとの解釈は可能である。

二〇〇四年（平成一六年）の中越地震で被災した現在の新潟県長岡市の「山古志木籠ふるさと会」では、地域の人口が減少する中、行事や集落の維持管理を住民のみで行うのが難しかったため、集落を離れた人や集落外の木籠ファンの力を借りて、農作業や山仕事をしている。会則によると、「山古志・木籠地域の伝統、文化、暮らしを継承し、地域の振興と発展に寄与することを目的とする。集落活動や農作業・山仕事を通して共に働くことのすばらしさを実感し、豊かな自然の恵みを楽しむ元気な村づくり、『日本の故郷』づくりをめざす。」とのことであり、住民以外の人も加入できる。現に、同会のウェブサイト（http://yamakoshikogomo.com/）によると、住民だけでなく、「震災によって集落を出られた方、住民のご親族の方、会の活動に賛同下さる方」が会員となっている。このように、団体の設立当初から住民以外の人が構成員になっていると、地方自治法にいう「地縁による団体」とは異なるとも考えられる。しかし、団体の設立後に住民以外の人が構成員となる場合と区別して扱う合理的理由はない。住民の地縁を重要な要素として設立された団体である限り、「地縁による団体」として捉えるべきである。

また、「消防団をはじめとして地域の担い手は現実的には居住実態がなくとも地域外に転出した有志によって維持されている側面もある。」とし、「地域に志を持つ様々な主体が、それぞれの場所で出来ることを出し合うことで、全体として折り合いをつけていく時代へと変化していることがわかる。」と指摘されている（田口太郎「『地域運営組織』の担い手とヨソモノ」ガバナンス二〇一七年一月号三二頁）。こうしたことからも、筆者のような解釈をする必要性もあり、合理的な解釈であるといえる。

各種団体等についても、条文上は何も言っていない。表決権について定めた地方自治法二六〇条の一八第三項の規定（「前二項の規定は、規約に別段の定めがある場合には、適用しない。」）の活用により、独自の運用が可能ではないかと考えられる。

ウ　「特に人口異動が激しい地域では、会員名簿を整理することが非常に困難。」という点について

構成員名簿の備置きを義務付けた地方自治法二六〇条の四第二項の規定は、会員名簿の整理を市町村が支援することを禁じているわけではない。そこで、住民基本台帳を活用し、名簿作成に必要な限りで市町村が認可地縁団体に個人情報を提供できるように、構成員となる住民の同意をあらかじめ取得するようにすれば、市町村が会員名簿の整理を支援することが可能ではないかと考えられる。

また、イにより住民以外の者が構成員になる場合については、「構想日本」が提案している「ふるさと住民票」（http://www.kosonippon.org/documents/2015/sonota/furusato-jyuminhyo_20150819.pdf）の制度を導入することにより（既に鳥取県日野町や徳島県佐那河内村などがこの制度を導入）、住民の場合と同様の対応が可能である。

エ　「小規模多機能自治組織は子どもから高齢者まで原則として全住民が会員となるが、総会欠席時

の意見反映方法として、委任状しか認められておらず、代議員制が認められていないため、運営実態に合わない。」という点について　イで述べたように、表決権について定めた地方自治法二六〇条の一八第三項の規定の活用により、独自の運用が可能ではないかと考えられる。

以上の四点のほか、二〇一六年（平成二八年）五月二〇日に開催された先述の有識者会議（九四頁参照）において、雲南市長は「法人格の検討にあたっての補足意見」の中で、現行の認可地縁団体の改良が望まれる点として、新たに四点を挙げているが、いずれも次の対応で実施が可能である。

①　法人登記を義務付け
法人登記に代わるものとして、地方自治法施行規則別記に定める様式の台帳を活用すればよい。

②　代表権は一人に限定しない。
地方自治法二六〇条の五の規定について、少なくとも一人の代表者を置くことを義務付けているだけであり、複数の代表者を置くことを禁じているわけではないとの解釈が可能である。

③　活動状況や財務情報の開示を規定する。
条例で開示に関する規定を置くことが可能である。

④　理事会（役員会）による意思決定ができるようにする。

「認可地縁団体の事務は、規約で代表者その他の役員に委任したものを除き、すべて総会の決議によつて行う。」との地方自治法二六〇条の一六の規定により、特定の事項については役員に委任すれば、役員会による意思決定が可能である。

自治省通知は一つの解釈を示したものに過ぎない。地方自治法二条一三項において自治事務（同法二条八項）については、「国は、地方公共団体が地域の特性に応じて当該事務を処理することができるよう特に配慮しなければならない」とされていることからしても、自治事務たる認可地縁団体に関する規定については、各市町村が国の解釈によらず独自の解釈が可能である。よって、右に述べたような解釈に基づき認可地縁団体の制度を運用していくことは、適法である。

⑶　条例による補完

⑵ウで述べた会員名簿の整理については、それを円滑に運用するため、住民の同意の手続や認可地縁団体に対する支援の仕組みを条例で規定することにより、構成員名簿を保管しやすくすることが可能である。また、⑵①及び③についても、条例による対応が可能なものである。

筆者は、地方自治法の改正又は新たな法律の制定を否定しようとしているのではない。これを待たなくても、現行の制度の下、地方自治法により小さく生まれた認可地縁団体の制度を大きく育てられるということを明らかにしたかったものである。

4　国に先行した取組の実践について

元来、条例制定権というのは、法律に根拠があって初めて与えられているわけではない。憲法九四条（四九頁に掲載）に根拠がある。ただ、同条により法律の範囲内で制定することができるとされており、一定の制約がある。よって、法律と条例の関係を見ると、これらの規定が矛盾抵触すれば法律の規定が優先するが、それはあくまでも効力という点でそうなっているだけであって、立法権の根拠という視点からこれらを見れば、実は憲法の下にそれぞれがある。したがって、立法の必要性を認めれば、法律の制定を待たずに積極的に条例の制定を目指していけばよい。

2で取り上げた動物霊園の事例は、法律制定の必要性を認めていない国に代わり、自治体が条例を制定した事例である。これに対し、国（担当省庁）も法律制定の必要性を認めながら、制定には至らず、自治体による条例の制定が先行した事例がある。

例えば、情報公開条例や個人情報保護条例については、いずれも法律よりも条例が先行していた。これらはその後法律も制定された事例である。これらのほか、国（担当省庁）も問題意識を持ちながら法律の制定には至っておらず、自治体が先行して条例を制定した事例がある。それは、三3(1)ウ（五二頁）で言及した野洲市くらし支えあい条例による訪問販売事業者の登録制度である。

自治体が先行して何らかの制度を導入すると、実際の運用状況が分かるので、後れを取った国にとっても当該制度の導入の是非を含め、その内容を検討するに当たって大いに参考になる。

このように、国に先駆けた取組を行うことは、公害問題の深刻化を背景に当時の法律よりも厳しい規制をかけた東京都公害防止条例（一九六九年〔昭和四四年〕制定。二〇〇〇年〔平成一二年〕に全部改正され、現在は「都民の健康と安全を確保する環境に関する条例」）に代表されるように、これまでも行われてきたことであり、これからも積極的に取り組むべきである。

5　独自条例の制定又は現行の法律の規定の活用

(1)　問　題

ある問題に対して何らかの対応をしたいと考えている自治体に対してではなく、法律上は別の行政機関に対して権限を付与していることがある。そのため、その自治体は、法的な強制力を持った対応ができない。このようなケースは、法令の規定の不備を補完する2で取り上げた動物霊園の事例とは異なり、法律上は別の行政機関に権限を付与しているので、法令の規定の不備とまではいえない。例えば、法律上都道府県知事に権限があるため、市町村長が権限を行使できずに、問題の解決を図ることができないケースがある。次の(2)ア及びイは、こうしたケースに対応した事例である。

また、税金の滞納という事実だけに眼を奪われ、滞納に陥った事情を考慮することなく地方税法により与えられた権限を行使して取り立てると、納税の困難な状況を滞納者が改善できず、滞納額が増えるばかりで取立ての成果が得られないことがある。このように、担当業務に関連する事象にのみ着目して法律上与えられた権限を行使しようとするため、その法律の目的を十分に達成できないことがある。次の⑵ウは、こうしたケースに対応した事例である。

⑵　事例の検討

ア　独自条例の制定　　災害救助法に基づく救助は、同法二条の規定により都道府県知事が行うこととされている。しかし、都道府県知事による救助を待っていては遅きに失することがありうる。そこで、大阪府箕面市では、独自条例（国の法令に基づかないで独自に事務を創設し、その基準、手続等を定める条例をいう）を制定し、大阪府知事による救助が遅きに失すると認める場合は、市長が救助を行えるようにした。さらに、その救助に要した費用の支弁（支払）を大阪府に求めるものとしている（箕面市災害時における特別対応に関する条例一七条二項）。

このように、法律上は都道府県知事の事務になっているものを条例により市町村の事務とすることは、一見したところ市町村長が都道府県知事の権限を奪っているかのように見える。しかし、この条例では、都道府県知事の権限を奪っているわけではない。都道府県知事だけでなく、市町村長もできるようにしているに過ぎない。すなわち、両者の事務は択一関係ではなく、両立する関係にある。よって、この条例は、災害救助法に違反しない。

　この事例から明らかなように、自治体に法律上の権限がないからといって諦めるのは早計である。現行の法律に囚われない発想が求められるべきであり、まずは、現場感覚を研ぎ澄まし、問題を解決するためにはどのような対策を講じるのがよいのかを考えるべきである。その結果、現行の法律で容易に対処可能であればそれでもよいが、そうでなければ積極果敢に独自条例の制定を検討すべきである。

○箕面市災害時における特別対応に関する条例（平成二四年三月二八日条例第一号）

（目的）

第一条　この条例は、大規模な災害の発生時において、災害対策本部長が災害対策の優先実施等を宣言すること、その宣言により本市が行う対応等について必要な事項を定めることにより、本市が迅速に、かつ、全力を挙げて災害に対処する特別態勢を整えることを目的とする。

（災害救助法の適用等）

第一七条　略

2　市長は、災害救助法に基づく大阪府知事による救助が遅きに失すると認める場合は、自ら救助を行うことができる。この場合において、市長は、当該救助に要した費用の支弁を大阪府に求めるものとする。

○災害救助法（昭和二二年一〇月一八日法律第一一八号）

（目的）
第一条　この法律は、災害に際して、国が地方公共団体、日本赤十字社その他の団体及び国民の協力の下に、応急的に、必要な救助を行い、被災者の保護と社会の秩序の保全を図ることを目的とする。
（救助の対象）
第二条　この法律による救助（以下「救助」という。）は、都道府県知事が、政令で定める程度の災害が発生した市町村（特別区を含む。）の区域（地方自治法（昭和二二年法律第六七号）第二五二条の一九第一項の指定都市にあっては、当該市の区域又は当該市の区若しくは総合区の区域とする。）内において当該災害により被害を受け、現に救助を必要とする者に対して、これを行う。

イ　現行の法律の規定の活用　緊急に対応しなければならないわけではない場合又は法律上の権限を有する行政機関が適切に行使した方が問題の解決に資すると考えられる場合、当該行政機関にその権限の行使を促す仕組みを条例で設ける方法がある。それは、行政手続法三六条の三の規定の活用である。法令に違反する事実があると認める者は、行政手続法に根拠規定がなくても、その是正のための処分又は行政指導を求めることができる。しかし、行政手続法が制定された当初は、その場合に行政機関が採るべき措置を定めた規定がなく、当該行政機関の裁量に委ねられていた。二〇一五年（平成二七年）四月一日施行の法律改正により置かれた同条は、そのような裁量をなくし、行政機関に一定の義務付けを行ったものである。この規定の眼目は、行政機関に一定の義務を課した三項にある。すなわち、何人も、法令に違反する事実の是正のためにされる処分又は行政指導（根拠規定が法律に置かれているものに限る）がされていないと思料するときは、申出書を提出して、当該処分又は行政指導を求めることができるとするとともに、当該申出を受けた行政庁又は行政機関は、必要な調査を行い、当該調査の結果に基づき必要があると認めるときは、処分又は行政指導をしなければならないとする手続が制度化されたものである。そして、これにより、行政手続法の目的である「行政運営における公正の確保と透明性（中略）の向上を図り、もって国民の権利利益の保護」（同法一条一項）を図ろうとしたものである。

滋賀県野洲市は、この条項に着目し、住民の消費生活における被害の発生又は拡大の防止のため、野洲市くらし支えあい条例二二条で市長が行政手続法の規定を活用する旨の規定を詳細に置いた。

確かに、同条のような規定を置かなくても、市長が国や県に行政権限の発動を事実上求めることができる。本来、法令に違反する事実があれば、その違反を是正する権限を有する行政機関が適時的確に対応すべきである。ところが、このような対応が常にされているとは言い難いのが現実である。最近の例でいえば、「茶のしずく石鹸」による小麦アレルギーの被害がある。被害が拡大している中、二〇一一年（平成二三年）一一月二四日に日本弁護士連合会の会長は、次のとおり声明を発表している（http://www.nichibenren.or.jp/activity/document/statement/year/2011/111124.html）。

二〇一〇年九月に、医薬関係者から「茶のしずく石鹸」によるアレルギー症状発症の情報提供を受け、一〇月一五日にはアナフィラキシー症状を含む二一人の発症例の報告を受けていたとの報道もあることからすると、厚生労働省は、消費者安全法に基づき、早期に商品名を含む詳細な事故情報を消費者庁に通知すべきであった。さらに、当該石鹸の使用によるアレルギー発症者数が増加しつつあったのであるから、薬事法に基づき、危害の拡大を防止するため、悠香に対して製品の回収等の危害防止措置を求めるなどする必要があった。

一方消費者庁は、消費者事故等に関する情報を迅速かつ的確に集約・分析し、その結果を取りまとめる役割があることからして、厚生労働省から一〇月一五日に情報が提供された際には、商品名を含む事故情報に関する詳細な情報提供を求めるべきであった。その上で、当時、被害が拡大している状況においては、消費者安全法に基づく消費者被害の発生又は拡大の防止のための措置として、早期に原因となる製品名等の公表等による消費者への注意喚起を行うべきであった。さらに、厚生労働省の対応が不十分な場合には、同省に対し、事業者に製品の回収等を求めるなどの措置を早期かつ徹底して行う必要があった。そうすれば、アレルギー発症の危険性を知らずに「茶のしずく石鹸」の使用を続けたことによる更なる被害の拡大を防止できた可能性は否定できない。

このように、法令に違反する事実を認識し得たとしても、有効な対応がなされずに消費者の被害が拡大するなど事態が悪化したことがあった。こうした事態を生じさせないようにするため、権利利益の保護を受ける主体である住民のために、住民に代わって処分等の求めを市長に行わせようとするものである。そして、市長の求めに対して権限を有する国や県が適切に対応しているかどうかをモニタリング（監視）する旨を条例に具体的に明記し、市長がこれを運用することにより、事実上のプレッシャー（圧力）を国や県に与え、事態の悪化を防止しようとするものである。同条は、消費者法の分野において行政手続法の目的の実現を確実なものとするための規定ともいえる。

国民の権利利益の保護に資することが行政手続法の目的である。よって、同法三六条の三第一項で「何人も」とされていても、その中には権利利益の保護を受ける主体たり得ない行政機関は含まれないと考えるべきではないかとの疑問がある。しかし、権利利益の保護を受ける主体である住民のために、住民に代わって自治体の長が処分等の求めを行うことは、同法の目的に何ら矛盾抵触するものではない。よって、「何人」の中には、行政機関も含まれていると考えるべきである。

以上から、自治体に法律上の権限がなくても、権限のある行政機関にその行使を促す仕組みを設けることをあらゆる行政分野で検討すべきである。

○行政手続法（平成五年一一月一二日法律第八八号）

第四章の二　処分等の求め

第三六条の三　何人も、法令に違反する事実がある場合において、その是正のためにされるべき処分又は行政指導（その根拠となる規定が法律に置かれているものに限る。）がされていないと思料するときは、当該処分をする権限を有する行政庁又は当該行政指導をする権限を有する行政機関に対し、その旨を申し出て、当該処分又は行政指導をすることを求めることができる。

2　前項の申出は、次に掲げる事項を記載した申出書を提出してしなければならない。

一　申出をする者の氏名又は名称及び住所又は居所

二　法令に違反する事実の内容

三　当該処分又は行政指導の内容

四　当該処分又は行政指導の根拠となる法令の条項

五　当該処分又は行政指導がされるべきであると思料する理由

六　その他参考となる事項

3　当該行政庁又は行政機関は、第一項の規定による申出があったときは、必要な調査を行い、その結果に基づき必要があると認めるときは、当該処分又は行政指導をしなければならない。

○野洲市くらし支えあい条例（平成二八年六月二四日条例第二〇号）

（処分等の求め）

第二二条　市長は、〔消費者安全〕法その他の関係法律の規定に違反する事実がある場合において、その是正のためにされるべき処分又は行政指導（その根拠となる規定が法律に置かれているものに限る。）がされていないと思料するときは、行政手続法（平成五年法律第八八号）第三六条の三第一項の規定に基づき、当該処分をする権限を有する行政庁又は当該行政指導をする権限を有する行政機関に対し、その旨を申し出て、当該処分又は行政指導をすることを求めるものとする。

2　市長は、行政手続法第三六条の三第三項の規定による当該行政庁又は行政機関の調査の結果及び当該処分又は行政指導をした旨の通知があったときは、その通知の内容を公表するものとする。

3　市長は、前項の通知の内容に関し疑義があると思料するときは、当該行政庁又は行政機関に対し、質問をし、これに対する回答の内容（当該回答がなかったときは、その旨）を公表するものとする。

4　市長は、第二項の通知がなかったときは、当該行政庁又は行政機関に対し、当該通知を行わなかった理由の説明を求め、これに対する回答の内容（当該回答がなかったときは、その旨）を公表するものとする。

5　前項の規定は、当該行政庁又は行政機関の調査が行われなかった場合及び当該処分又は行政指導が行われなかった場合について準用する。

6～9　略

ウ　現行の法律の規定の活用及び独自条例の制定の合わせ技　　住民には、税金や保険料などを納付する義務がある。これらを滞納すると、自治体は、納付を督促する文書を送付し、納付を促す。これに応じなければ、滞納処分を行ったり、訴訟を提起する。このように、自治体はその気になりさえすれば、容赦なく取り立てることが可能である。徴収猶予や分割納付という方法も、住民に何とか納付させようとする点では変わりがない。現行の法制度は、このように運用されることを想定しているといえる。

これに対して、滋賀県野洲市では、取立て一辺倒の運用をしていない。滞納している原因の把握に努め、その原因が生活困窮であれば、生活の再建を第一の目的に据え、その住民を関係する部署の連携により支援している。生活困窮の状況にある住民は、滞納したくて滞納しているわけではない。納付したくても納付できないのである。生活の再建のために支援し、納付できる状況にすることが、滞納者を救うのみならず、自治体の歳入増にもつながるのである。

生活困窮の背景には、心の病、借金、家族問題、介護や障害など多様で複雑な問題がある。これらの問題が絡み合うと、一つの分野や職種だけで解決するのは難しい。その解決のため、医療（診療科ごとに）、借金、介護、障害といった縦割りの分類で課題を括り出し、それぞれの専門分野ごとに解決しようとすれば、断片的な対処に留まり、根本的な問題解決につながらないことが多い。これに対し、これらを「その人（家庭）の生活の困りごとを解決する」という括りで捉え、複合的な問題の因果関係と解決プロセスを専門家同士で共有して連携すれば、より効果的な対応ができる。そこで、野洲市では、自治体の関係する部署はもちろんのこと、弁護士、司法書士、医師、介護福祉士などの専門家やハローワークなどの機関と連携協力して、生活の再建の支援をしている。

二〇一五年（平成二七年）四月一日に施行された野洲市債権管理条例は、このような運用を後押しするために制定されており、山仲善彰市長は「ようこそ滞納いただきました条例」と呼んでいる。そして、野洲市くらし支えあい条例では、こうした取組を行うことを二三条から二六条まで（債権管理条例については、二四条三項で言及）で明らかにしている。

○野洲市くらし支えあい条例（平成二八年六月二四日条例第二〇号）

（定義）

第二条　略

2　この条例において、次の各号に掲げる用語の意義は、それぞれ当該各号に定めるところによる。

(1)～(3)　略

(4)　生活困窮者等　経済的困窮、地域社会からの孤立その他の生活上の諸課題を抱える市民をいう。

（生活困窮者等の発見）

第二三条　市は、その組織及び機能の全てを挙げて、生活困窮者等の発見に努めるものとする。

（支援の方法）

第二四条　市は、生活困窮者等を発見したときは、その者の生活上の諸課題の解決及び生活再建を図るため、その者又は他の者からの相談に応じ、これらの者に対し、必要な情報の提供、助言その他の支援を行うものとする。

2　市は、生活困窮者等のために法第八条第二項各号に掲げる事務を行うに当たって必要があると認めるときは、生活上の諸課題の解決も図るものとする。

3　市長は、生活困窮者等に公租公課の滞納があったときは、迅速かつ的確に野洲市債権管理条例（平成二六年野洲市条例第二五号）による措置を講じ、その者の生活の安心の確保に努めるものとする。

4　第一項の支援は、生活、教育、就労その他生活困窮者等が必要とするもの全てについて総合的に行うため、前項の規定による措置のほか、生活困窮者等の意思を尊重しつつ、必要に応じて関係する行政機関その他の関係者と協力し、生活困窮者自立支援法（平成二五年法律第一〇五号）その他の関係法律による措置と適切に組み合わせて行わなければならない。

（支援調整会議）

第二五条　市長は、前条第一項の支援を専門的知見の活用により効果的かつ円滑に行うため、弁護士、司法書士その他市長が適当と認める者により構成される野洲市支援調整会議を設置する。

2　前項に規定する会議では、同項の目的を達成するため、生活困窮者等の状況のほか、前条第一項の支援に必要な制度、機関、人材、資金等の充足の状況及び改善に関し、必要な情報を交換するとともに、支援しようとする、又は支援した内容の妥当性又は適正性について協議を行うものとする。

（市民生活総合支援推進委員会）

第二六条　市長は、消費生活上特に配慮が必要であると認められる市民、生活困窮者等及びこれらの者と同様の状況に至るおそれのある市民（以下「要配慮市民等」という。）の支援を総合的に行うため、市の関係する全ての組織に属する職員により構成される野洲市市民生活総合支援推進委員会を設置する。

2　前項に規定する委員会では、同項の目的を達成するため、同項の支援の具体的な内容その他市長が必要と認める事項について協議を行うものとする。

野洲市は、債権の回収を確実に行うには、生活困窮者等の生活再建が重要であると考えており、そのことを踏まえた対応を確実に行うため、条例に右のような規定を置いた。そして、債権の回収に関する法令を生活再建に資するように運用している。これは、**法務の「換骨奪胎」**（現行法の規定を適用する際に、独自の工夫を加えた運用をすること）の事例といえよう。

第三章　コンプライアンス違反に陥るのはなぜ？

一　「練糸に悲しむ」

練った白糸は、紅、黒のいずれにも染まる。これと同じように、人も、習慣により善にも悪にも染まるものだという意味である。

人は本来、善人か悪人か。これについては、「性善説」と「性悪説」がある。筆者は、どちらか一方というよりも、人により濃淡があるものの、誰でも両方を持ち合わせているというのが真実ではないかと感じている。

人に本来備わっているものに、これらとは別に「弱さ」もあり、だから「性弱説」というものもあると筆者はかつて所属した部署の上司から教わった。そのため、一度何かが切っ掛けで悪事に手を染めてしまうと、二度目の心理的ハードルが低くなり、悪事を繰り返しがちになる。また、「長い物には巻かれよ」ということわざがあるように、多くの人は、長年にわたり行われてきたことが、違法であると認識し、あるいは違法とまでは言えなくても不適切であると認識しても、これまで問題視されなかったとして、是正を怠り、自らも違法又は不適切なことをしがちである。

1　不正のトライアングル

人間は、理性だけで行動しない。感情が行動に影響を与える。様々な事象が感情にどのように影響を与えるのかという知見に基づき、不正に手を染めさせない取組が求められる。

これについては、「不正のトライアングル」という考え方が参考になる。アメリカの組織犯罪研究者であるドナルド・R・クレッシーが体系化したものである。

人間が不正に手を染める原因として、①動機、②機会、③正当化の三つを挙げている。

①　動　機

何か業務上の問題が発生したり、公私を問わず何か悩み事があれば、これが不正に手を染める動機となる。例えば、公金の横領や副業を行う行為の動機としては、小遣い欲しさのほか、借金の返済に追われている、子供の教育費が足りないというように、経済的に追い込まれた状況が原因となることもある。

このような動機を生じさせないためには、直面した問題を一人で抱え込まないことである。相談する相手がいれば、問題の解決の切っ掛けとなり、不正に手を染める動機は生じない。

②　機　会

不正に手を染めるにしても、それが可能な機会が必要である。例えば、公金の支出行為を一人の職員に任せると、これを横領する機会がある。公金を支出する旨の決定を行う者と、支出した公金で第三者に支払う者と、その第三者からの領収書を収受して管理する者をそれぞれ分ければ、不正を防止できる。このように、職員同士で牽制し合う仕組みがあれば、不正に手を染める機会はない。

③ 正当化

不正な行為を何らかの理由で正当化することである。不正に手を染めることになると認識しながら、初めてこの行為に及ぼうとするとき、良心の呵責があるものである。これを振り切るには、何かもっともらしい理由が必要となる。例えば、自分以外の人もたくさん不正に手を染めている、自分が悪いのではなくこれをせざるを得ない状況に追い込んだ上司が悪い、だから許容されるべきと責任転嫁をして自分を正当化することである。

このように自己を正当化する理由付けを他人に話す機会があれば、正当化できないことに気付くことができる。わずかビール一杯なので自動車を運転しても大丈夫だと他人に話せば、その他人も甘い認識を持っていない限り、その行為をやめるよう注意を受けるはずである。

これら三つが揃うと、不正に手を染めてしまう可能性が高まる。逆に言えば、これらのいずれかがなければ、不正は発生しにくいということになる。

2　不正のトライアングルの事例

二〇〇八年（平成二〇年）から二〇一〇年（平成二二年）までの三箇年にわたる会計検査院による検査により、全国各地の自治体において不適正な経理処理が判明したことがある。

不適正な経理処理とは、**図表2**のとおりである（会計検査院法三〇条の二の規定に基づく報告書「都道府県及び政令指定都市における国庫補助事業に係る事務費等の不適正な経理処理等の事態、発生の背景及び再発防止策について」〔平成二二年一二月〕参照）。

この報告書で不適正な経理処理の例として挙げられていたものを二例紹介しよう。

一つは、「預け金の手法により業者に預けた需用費の一部を現金で返金させるなどして、これを別途に経理して業務の目的外の用途に使用するなど公金を不正に使用していた事態」である。

もう一つは、「差替えの手法により物品担当職員が業者に指示して契約した物品とは異なるパーソナルコンピュータを納入させ、これを転売してその代金を領得するなど刑事事件に発展した事態」である。

一般的に、高価な備品よりも安価な消耗品の方が予算の措置がされやすいため、例えば、既に購入済みで余っていながら一本二万二〇〇〇円のトナーカートリッジ（消耗品）を一〇本買ったことにして、実際には二二万円のパソコン（備品）を購入するという手法である。

そして、「不適正な経理処理が行われていた原因として、会計法令等の遵守よりも予算の年度内消化を優先させたこと、会計経理の業務に携わる者の公金の取扱いの重要性に関する認識が欠如していたこ

図表2　不適正な経理処理

預け金	業者に架空取引を指示するなどして，契約した物品が納入されていないのに納入されたとする虚偽の内容の関係書類を作成することなどにより需用費を支払い，当該支払金を業者に預け金として保有させて，後日，これを利用して契約した物品とは異なる物品を納入させるなどしていたもの
一括払	支出負担行為等の正規の経理処理を行わないまま，随時，業者に物品を納入させた上で，後日，納入された物品とは異なる物品の請求書等を提出させて，これらの物品が納入されたとする虚偽の内容の関係書類を作成することなどにより需用費を一括して支払うなどしていたもの
差替え	業者に虚偽の請求書等を提出させて，契約した物品が納入されていないのに納入されたとする虚偽の内容の関係書類を作成することなどにより需用費を支払い，実際には契約した物品とは異なる物品に差し替えて納入させていたもの
翌年度納入	物品が翌年度以降に納入されているのに，支出命令書等の書類に実際の納品日より前の日付を検収日として記載することなどにより，物品が現年度に納入されたこととして需用費を支払っていたもの
前年度納入	物品が前年度以前に納入されていたのに，支出命令書等の書類に実際の納品日より後の日付を検収日として記載することなどにより，物品が現年度に納入されたこととして需用費を支払っていたもの

となどが挙げられる。また、預け金等の不適正な経理処理により支出された国庫補助事務費等の額が多額に上っていた県市の主な部署における会計事務手続について検証したところ、その大半において調達要求課が見積書の提出依頼、契約事務、検収事務等の一連の会計事務手続を行っており、職務の分担による相互けん制が機能しにくい状況となっていた。」と指摘された。

これらの不適正な経理処理を「不正のトライアングル」に沿って考えるならば、余った予算を全て年度内に使い切らなければならない（動機）、そうした認識は組織で共有化されており、不適正であることを問題視する職員はいない（機会）、これまでも同じ手法で予算の執行をしてきた（正当化）ことから、組織的に行われてきたといえる。

3 「カビ型」の不祥事への対応

ところで、弁護士の郷原信郎氏は、企業の不祥事やコンプライアンス問題を「ムシ型」と「カビ型」という観点から分類し、日本型とも言える「カビ型行為」の特徴を次のとおり説明している（以下、「『カビ型行為』こそが企業不祥事の『問題の核心』」日経ＢｉｚＧａｔｅ「郷原弁護士のコンプライアンス指南塾」二〇一六年八月二日〔http://bizgate.nikkei.co.jp/article/112411018.html〕から抜粋）。

■ 「ムシ型行為」とは、個人の利益のために、個人の意思で行われる単発的な行為をいい、「カビ型行為」

とは、組織の利益のために、組織の中で長期間にわたって恒常化し、何らかの広がりをもっている行為をいう。個人が組織の中のある一定のポストに就くと、好むと好まざるとにかかわらず、そういう違法行為に手を染めざるを得ない状況に置かれてしまう。この場合、目的は個人の利益ではなく、組織の利益だ。「ムシ型行為」に対しては、害虫に殺虫剤をまくのと同様に、違法行為を行った個人に厳しい刑罰を科すのが適切な処置となるが、「カビ型行為」に対しては、「ムシ型」のように殺虫剤をまく、つまり、かかわった個人を厳罰に処するような方法は全く意味をなさない。

カビをなくすためには、カビの広がりと、カビが生えた原因（「汚れ」か「湿気」か）を明らかにして、それを除去しなければならないように、「カビ型行為」の広がりを明らかにして、原因となった構造的な問題を是正しなければ、解決することはできない。それまで継続的・恒常的に行われていたカビ型行為の事実をすべて表に出した上で、それを前提にして、解消のための方策を講ずることが不可欠となる。

不適正な経理処理が長年にわたり慣行として広く蔓延し、代々引き継がれてきたとすると、「**長いものには巻かれよ**」という意識になり、これを是正するのは非常に難しい。会計検査院による検査という外圧により、ようやく是正されたことからも明らかなように、組織内部から自発的に是正に動くことは、あまり期待できないのかもしれない。しかし、何かの切っ掛けで郷原氏のいう「カビ型行為」が公になったときは、これを絶好の機会と捉え、膿を出し切る覚悟で是正を図るようにすべきである。

【余談】水清ければ魚棲まず

これは、あまりに清廉すぎる人は、かえって人に親しまれず孤立してしまうことのたとえとして使われているものです。これについて、二〇一六年（平成二八年）一〇月一五日に朝日新聞に掲載された「折々のことば」の連載で、哲学者の鷲田清一氏は、次のとおり本来の意味とは異なる視点で解説しています。

大人がうわべをつくろい、陰りのない「清らか」で「正しい」姿しか見せないと、子どもはおのれの中の闇や鬱屈とどうつきあえばいいのかわからず、隠れる場所もなくて、ときに歪な行動に出てしまう。

筆者は、先述のとおり、人により濃淡はあるものの、人は善と悪の両方を持ち合わせていると思っています。鷲田氏も同じ考え方のようです。子供は大人の姿を見て学ぶことからすれば、大人は、子供にありのままの姿を見せ、「おのれの中の闇や鬱屈」との付き合い方を考える機会を与えた方がよいということなのでしょう。

このような経験をすることなく大人になると、「おのれの中の闇や鬱屈」との付き合い方を誤り、場合によっては、取り返しのつかない不祥事を起こすかもしれません。

また、人の「弱さ」について、同年一一月二三日に掲載された「折々のことば」で、鷲田氏は、次のとおり解説しています。

おのれの弱さに向きあうのは難しい。つい虚勢をはったり、ものごとを傲慢（ごうまん）に言い切ったりする。自分をそのままで保てないのだ。自分の弱さを知る人は、自分が誰かに支えられていることもよく知る。だから他人の弱さにもすぐ気づき、すっと手を差し伸べられる。

まるで子供同士の喧嘩といえるような大人気ない不祥事があったときは、そのような不祥事を起こした人の気持ちが全く分からないと突き放し、制裁を加えることよりも、その人に存する「弱さ」を自覚させ、その人の中にある「闇や鬱屈」との付き合い方を伝えることの方が再発防止に有効なのかもしれません。

4　自治体職員の個人責任

以下、違法又は不適切な状況が長期化し、大きな問題に発展すると、自治体のみならず、自治体職員個人の責任が問われうることを指摘したい。

(1) プール事故

児童・生徒が溺死する事故が絶えない。海や川であれば相手が自然なので、溺れた人以外の人の責任が問われることは少ない。一方、プールの場合は人工物なので、その管理責任が問われることが多い。以後の教訓とすべき事故があったにもかかわらず、毎年のように不幸な事故が起こっている。

二〇〇六年（平成一八年）七月三一日に、埼玉県ふじみ野市の市民プールにおいて当時七歳の女子児童が流水プールの吸水口に吸い込まれて亡くなった事故では、二〇〇八年（平成二〇年）五月二七日、当時の同市の担当部署の課長及び係長が業務上過失致死罪で執行猶予付きの禁固刑の有罪判決を受けた。

この裁判では、弁護人から「本件事故は被告人両名の過失を含めた多くの過失が積み重なって生じたものであり、被告人両名だけに刑事責任を負わせることは酷である」と主張された。

これについて、さいたま地方裁判所は、次のとおりその主張を退けた（裁判所ウェブサイト掲載。傍線は筆者による）。

> 防護柵がステンレス製ビスで確実に固定されていない状態を発生させ、防護柵の脱落により遊泳者らに死傷の結果を生じる危険をもともと生じさせたのは被告人両名ではないこと、被告人両名が課長ないし係長に就任する以前から生じていた危険状態の放置がそのときどきの担当者らにより繰り返されてきたことなど、被告人両名を含む関係者らの無責任の連鎖により本件事故という悲劇が引き起こされたという側面

もないではない。すなわち、ステンレス製ビスで防護柵が確実に固定されなくなった際に適切な補修をせず、それ以降も針金留めで済ますなど不適切な対応で流水プールの管理に関わった多数の担当者らは、いずれも自己の職責を果たさず、無責任のまま過ごしては後任者に引き継ぐという怠慢を繰り返していたのではある。しかしながら、被告人両名は、課長ないし係長に就任した以上は、その職責を果たしてそれまでの無責任の連鎖を断ち切り、その職責を果たさねばならなかった。何よりも、被告人両名は、それまでの担当者の職務遂行態度がどうであれ、その立場及び職責上、本件事故年度におけるプール担当者として、安全性を完備させない限り流水プールを遊泳者らに対して提供してはならなかったのであるから、本件事故年度において、流水プールを開放するに当たっては、設計に従ってステンレス製ビスで確実に防護柵を柵受板に固定させた上で流水プールを開放しなければならなかった。これをせずに流水プールを開放することは、本件事故年度における流水プールの吸水口に係る遊泳者らの死傷の結果を生じさせる危険を被告人両名が新たに発生させたことにほかならず、この危険の発生は当該年度のものであって、従前の担当者らが発生させた危険とは別個のものであるから、被告人両名の作出した本件危険は独立して評価すべきものである。同様に、本件事故の発生に委託業者ら関係者の不手際が関わっているとしても、市が業者に委託したことによって被告人両名の職責は何ら変わらず軽減するものではないのであるから、本件事故の発生について被告人両名がプール担当者として職責を果たさなかったことに全く変わりはない。むしろ、市が業者に委託したということは、市自らがその手でプールの安全性を完備するほかに、業者を使ってこれを可能とする手段を得たということであって、市は二重に安全性を完備することができたのであるから、委託業者ら関係者の不手際が本件事故の発生に関わっているということは、被告人両名が、市自らがその手で行う責任を果たさなかったことに加えて、業者を使っての責任も果たさなかったということである。

この判決で第一に注目すべきは、前任者からの「無責任の連鎖により本件事故という悲劇が引き起こされたという側面もないではない」としながら、被告人には、「それまでの無責任の連鎖を断ち切り、その職責を果たさねばならなかった」と指摘されている点である。すなわち、違法又は不適切な事務が前任者からなされていることに気付いたら、それを是正すべき責任が現任者にあるのである。これを是正できない責任を前任者に負わすわけにはいかないのである。是正を怠り、事故が発生すれば、真っ先に責任が問われるのは、無責任の連鎖を断ち切らなかった現任者なのである。

第二に注目すべきは、委託業者の不手際により事故が発生した場合、「市自らがその手で行う責任を果たさなかったことに加えて、業者を使っての責任も果たさなかった」と指摘され、被告人の刑事責任が重い理由とされている点である。近年自治体の事務を民間に委託することが多くなっている。その際、この判決で指摘された点を踏まえ、たとえ民間に任せても、自治体職員があらゆる責任から解放されるわけではないことに気を付けなければならない。

被告人らは、地方公務員法に基づき懲戒処分を受けている。自治体職員の個人責任が問われても、刑事責任まで問われることは少ない。ところが本件ではこれに加え、過失の程度の大きさや事故の結果の重大性に鑑み、刑事責任まで問われたものである。

　このようなことから、違法又は不適切な状況にあると気付いたときは、これを速やかに解消するよう心掛けることが、住民の生命や権利利益はもちろん、自らの身を守ることにもつながると肝に銘じるべきである。

「創業は易く守成は難し」ということわざがある。何事によらず、物事を初めて作り出すことよりも、出来上がったものを受け継ぎ、つつがなく維持していくことの方が難しいという意味である。ここで思い出されるのは、日本の新幹線が開業以来、衝突や脱線による死亡事故を起こしていないという事実である。東日本大震災の際も、走行中の新幹線が死亡事故を起こすことはなかった。高い技術力が事故の発生の防止に寄与していることはもちろん、絶対に事故を起こさないという高い意識が開業当時の社員から次の世代の社員へと、代々確実に引き継がれてきたためであるともいえる。

　人の命を預かる仕事をしている職員は、新幹線の事故防止の取組のように、絶対に事故を起こさないという高い意識を持ち続け、人事異動により業務を引き継ぐ際には、確実にその意識も後任者に引き継いでいくことが必要である。

【余談】安心、それが人間の最も身近にいる敵である

イギリスの劇作家シェイクスピアの名言の一つです。不安を感じない、すなわち、「安心」という気持ちを持つだけでは、油断し、事故や不祥事を起こすことにつながります。「安心」であっても、「安全」とは限らないからです。

一方、「安全」とは、「許容できないリスクがないこと（freedom from risk which is not tolerable）」という意味です（国際標準化機構（International Organization for Standardization）による定義〔https://www.iso.org/obp/ui/#iso:std:iso-iec:guide:51:ed-3:v1:en〕）。

例えば、飛行機の事故は、自動車の事故よりも発生する確率が低いと言われていますが、事故のリスクが全くないわけではありません。それでも、多くの人は安心して飛行機に乗っています。決して事故の発生を容認するわけではないものの、その可能性が極めて低いことを承知していて、そのリスクを許容できるからです。この例からも明らかなように、リスクがゼロということはありません。そのため、「許容できない」という修飾語が付いているのです。

日本の新幹線が開業以来、衝突や脱線による死亡事故を起こしていないという事実は、これまでの結果であり、リスクが存在していないことを証明しているわけではありません。存在しているリスクを把握し、事故の発生を防止するための対策を確実に講じるという不断の努力の結果、死亡事故が発生していないのです。

存在するリスクについては、これを可視化し、適切な対応を続けることが肝要です。結局のところ、真に持つべき「安心」は、存在するリスクを隠すのではなく、その可視化から得られるのではないでしょうか。

近年、国や自治体の公文書において、「安心」という言葉が「安全」とセットとなって使われることが多くなっています。自治体職員には、これらの二つの言葉の関係を理解し、「安全」で「安心」な社会作りに寄与していくことが求められます。

(2) 生活保護費の不正受給

生活保護費を不正に受給すると、その返還を求められるのは、不正受給した本人である。ところが、支給決定に関与した自治体職員の責任も問われた事件がある。

北海道滝川市は、二〇〇六年（平成一八年）から二〇〇七年（平成一九年）にかけて、同市の住民（夫婦）に対し、生活保護受給者が通院時に支給されるタクシー代として、通院の実態がないにもかかわらず、二億三八八六万円を支給した。

当該住民は、詐欺罪に問われ、有罪判決が確定した。その一方、同市の損害の発生は、当時の市長ほか幹部職員の責任であるとして、住民訴訟が提起された。

二〇一三年（平成二五年）三月二七日、札幌地方裁判所は、訴えの一部を認め、申請者が不正な申請をしているのではないかと極めて容易に疑うことができたにもかかわらず違法に生活保護の支給決定を行ったことについて重大な過失があり、それにより自治体に損害を与えたとして、支給決定に関与した自治体職員の賠償責任を認めた（裁判所ウェブサイト掲載判例。当時の市長については、指揮監督上の義務違反が認められないとして、請求が棄却された。また、控訴審の札幌高等裁判所は、二〇一四年（平成二六年）四月二五日、第一審が認めた当時の福祉事務所長と課長に加え、後任の課長についても、責任があるとし、賠償額も九七八五万円から一億三四六五万円へと増額する判決を言い渡した）。

なお、この住民訴訟は、控訴審で確定した後、二〇一四年（平成二六年）五月二二日、臨時議会において、市職員や市民有志等による財政的損失の補塡措置を完了させていることなどを理由に、賠償責任があるとされた元職員三人に対する請求権を放棄する旨の議案が提案され、賛成多数で可決成立している。

この議案の提案説明において、当時の総務部長は、「判決において違法とされた当該元職員による支給決定につきましては、詐欺などの違法行為を誘導したり、それに加担したものではないということは明らかであり、また当時の検証第三者委員会からの提言やこのたびの控訴審判決においてもご指摘があったように、当時の市としての組織的な対応、判断の適正さを欠いていたことによる責任が大きいものであったことなども考慮しますと、本件は個人による責任として受けとめるにとどまることなく、組織的な責任を重く受けとめねばならない問題であると考えるところであります。」（平成二六年第三回臨時会滝川市議会会議録五頁）と述べている。

このような市の認識は、もっともである。当該住民は元暴力団とその妻であったため、対応した職員は強いストレスを感じながら困難な対応を余儀なくされたと推察される。組織を挙げて毅然とした対応を早めにしておけば、多額の損害を市に生じさせることはなかったであろう。

この事例では、最終的には自治体職員個人の賠償責任は免れたが、裁判では、不正の疑いがあると容易に認識し得たにもかかわらず、必要な調査を徹底して行い、警察署に相談するなどの対応を採らなかったとして、その責任があるとされた。この指摘は、今後の教訓とすべきである。

二　「過ちは好む所にあり」

人は自分の好きなことや得意なことで油断して、失敗しがちなものであるという意味である。

例えば、法律学が好きで得意であると自認している職員が、個人情報保護制度の基本的な仕組みとして、本人の同意があれば当該本人の個人情報を他者に提供できるということを普遍的なルールとして理解していたとする。しかし、マイナンバー法（行政手続における特定の個人を識別するための番号の利用等に関する法律）の内容を把握していなければ、過ちを犯すことになる。すなわち、他者に特定個人情報（マイナンバー（個人番号）やマイナンバーに対応する符号をその内容に含む個人情報）を提供することは、本人の同意があっても、人の生命、身体又は財産の保護のために必要がある場合でなければ禁止されているのである（同法一九条一五号参照）。特定個人情報は、マイナンバーによって名寄せが行われる危険性があることから、従来の個人情報保護制度よりも厳格に保護されるようにしているのである。

○行政手続における特定の個人を識別するための番号の利用等に関する法律（平成二五年五月三一日法律第二七号）

（特定個人情報の提供の制限）

第一九条　何人も、次の各号のいずれかに該当する場合を除き、特定個人情報の提供をしてはならない。

一〜一四　略

一五　人の生命、身体又は財産の保護のために必要がある場合において、本人の同意があり、又は本人の同意を得ることが困難であるとき。

一六　略

マイナンバー法に関連する事務は、自治体にとっては新たな事務である。このように、これまでに経験がない仕事に従事するときは、これまでの知識を生かせることがあれば最大限に生かすべきであるが、その知識が間違いないものかどうかの確認を怠らないようにする必要がある。

三　「勝ちに不思議の勝ちあり、負けに不思議の負けなし」

江戸時代の大名、松浦静山の言葉である。成功したのは、偶然であることもある一方、失敗には必ず原因がある。ところが、失敗をした原因を偶然や他人のせいだと考えると、失敗から何も学べず、同じ失敗を繰り返すことになる。「人を怨むより身を怨め」ということわざにあるように、謙虚に反省し、失敗から教訓を得るように努めるべきである。

1　筆者の失敗～公益通報への対応

筆者がかつて在職したコンプライアンスを担当する部署は、初めて組織の長としての役職に就いた部署であった。その一年目は、プレイヤー（組織の一員として担当する業務を遂行する役割）ではなくマネージャーの役割（組織の長として業務の進捗状況を把握し、業務を統括する役割）を務めるのが本分であるという認識が希薄であったため、大きな失敗をしたことがあった。それは、公益通報に対する対応が後手に回ったことである。職員による非違行為についての通報があったにもかかわらず、これに対する対応が不十分なまま時が徒に経過していたところ、職員が収賄の容疑で逮捕されるに至り、公益通報が全く生かされなかったものである。筆者は、調査の進捗状況をしっかりと把握すべきであった。それにもかかわらず、それができておらず、必要な指示を行っていなかったことが問題であったと深く反省している。当時の上司から反省文を提出するように指示され、次のとおり書いた。「喉元過ぎれば熱さを忘れる」ことのないよう、自分自身への戒めとして、その控えを大切に保管している。

このたび、私こと岡田博史が行財政局コンプライアンス推進室の重要な業務の一つである公益通報処理業務において、極めて不適切な対応をし、市政運営の信頼の低下につながる事態を生じさせたことを、心よりお詫び申し上げます。

私は、不祥事を早期に発見し、組織内部で自浄作用を果たすための制度である当該業務の重要性をしっかりと認識していなかったこと、毎日のように寄せられる通報の件数の多さから定型的な業務と同様の取扱いに位置付けてしまい、当該業務の進捗管理を基本的に係長以下に任せ切りにしてしまったという、今から思えば極めて安易であり、かつ、誤った対応をしておりました。そのため、当室では、毎月初めに当該業務の処理状況を所属職員全員が出席するミーティングにおいて確認しておりましたが、所属職員に対し、調査状況の報告を求めたり、対応方法について指示することはほとんどありませんでした。当該業務については、通報があったときと、所管局区から調査報告があったとき以外は、ほとんど気に留めることがありませんでした。

こうしたことから、今般対応が問題となった〇〇年〇〇月の通報についても、〇〇年〇〇月に警察が捜査しているとの情報に接するまで、特に気に留めることがありませんでした。たとえ当該業務を係長以下に任せていたとしても、所管局から長期間にわたって回答がなければ然るべき指示を行うことが所属長に課せられた当然の職責であり、一度でも、本件について、自ら所管局の監察主任又は監察副主任に調査状況の報告を求めていれば、所管局が必要な調査を十分に行っていなかったという事態を回避できたことはいうまでもありません。本件について何も自ら対応しなかったことは、所属長としての自覚に欠けた、弁解の余地のないことであり、申し開きようもありません。深く反省しております。

今後、所属長としての責任をより一層自覚し、当該業務をはじめ当室が所管するすべての業務について、所属長を先頭に組織として業務を行っていくという考えの下、所属職員に対し、適時的確に必要な指示をし、業務の進捗管理を適切に行って参ります。

公益通報の内容からして、そもそもそのようなことがあるはずがないといった先入観を持ってはならない。公益通報の中には誹謗中傷の類のものもあるが、それが影響して油断してはならない。また、通報に対しては、迅速に組織的な対応を徹底し、調査の方法や範囲など方針を定め、できる限り関連する情報を含めて詳細に記録を残す必要がある。調査の結果を受けて、当初の方針の是非を検討することを欠かしてはならない。筆者は、実際の失敗からこのように反省し、教訓として実践するようにした。

自治体職員は、配属された部署において、自分の役割がプレイヤーなのかマネージャーなのか、両方の役割があるとしてその濃淡はどうかといったことをしっかりと認識し、同僚ともその認識を共有化し、適切に役割を果たしていかなければならない。

2　失敗の知識化

工学者で「失敗学」の提唱者でもある畑村洋太郎氏は、失敗の原因について、これを言語化して整理することによって、漠然とした認識を改め、原因の特定につなげられるよう、「個人」と「組織」という二つの切り口から**図表3**のとおり分類している（「失敗知識データベースの構造と表現（「失敗まんだら」解説）」〔平成一七年三月〕図八〔http://www.shippai.org/fkd/inf/mandara.html〕を転載）。

これは、自治体にとっても、失敗の原因究明の際に大いに活用することができよう。

次に、失敗から教訓を得ようとする際に留意すべきは、畑村氏のいう「失敗の知識化」をしっかりと行うことである。それを提唱する同氏によると、「知識化とは、起こってしまった失敗を自分および他人が将来使える知識にまとめること」（畑村洋太郎『失敗学のすすめ』〔講談社、二〇〇〇年〕九八頁）をいう。そして、失敗の当事者から話を聞くときに「一番大切なのは、聞き手がいっさい批判をしないこと」（畑村前掲書一一五頁）だという。

失敗した者の心理状態の解明は、失敗の原因究明に欠かせない。例えば、小さなミスであっても、それを上司に報告すると、厳しく叱責されるに違いないという思い込みが、ミスの隠蔽、ひいては損害の

図表３　失敗の原因

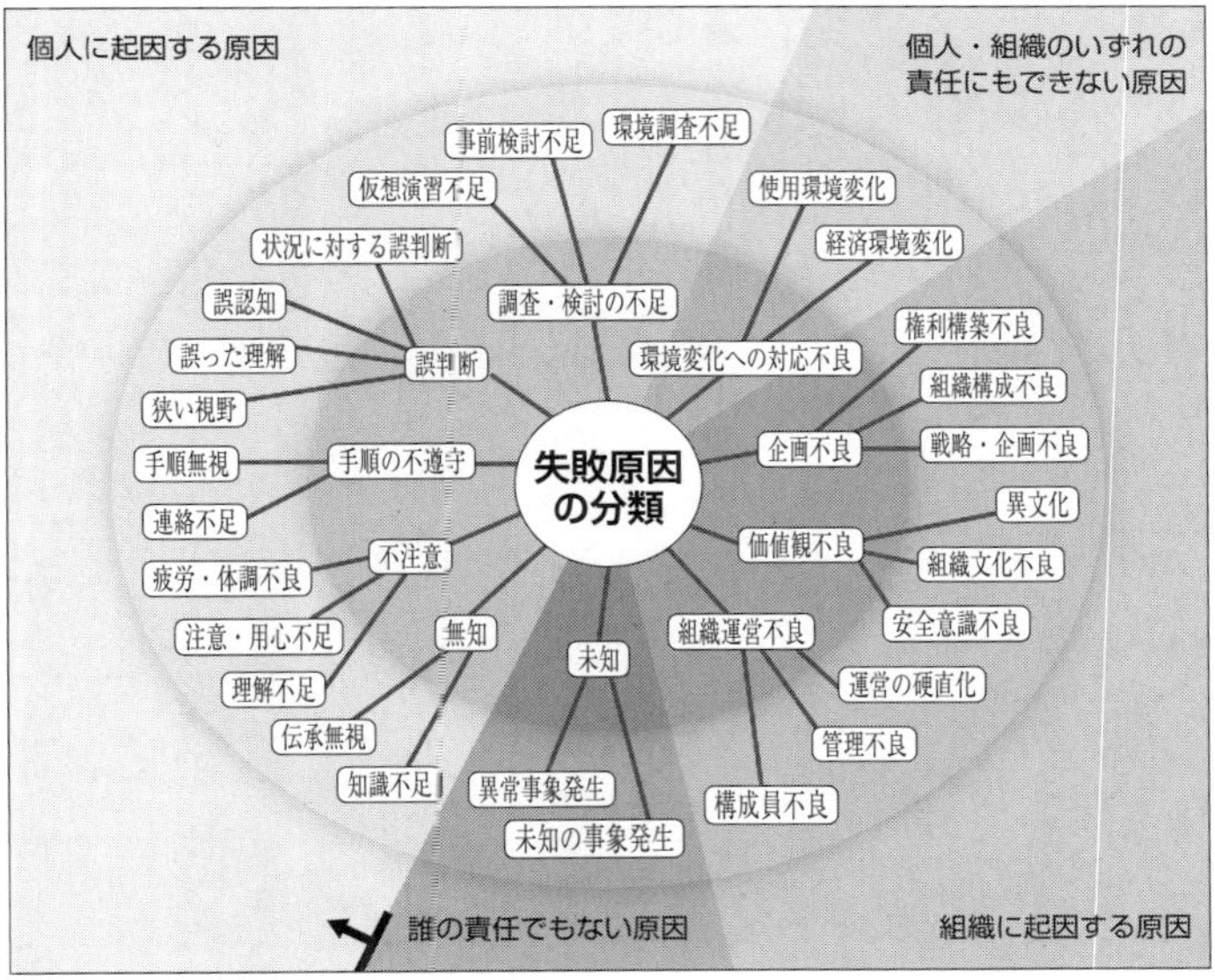

JST畑村委員会作成（2002年）

拡大につながりうる。その上司は、部下がどんな失敗を犯しても、決して厳しく叱責するようなことはしないという人物であったとすると、その思い込みは事実に反していたことになる。このように、誤った思い込みがその後の行動に影響を与えた場合は、なぜそのように思い込んでしまったのか（この例で言えば、日頃のコミュニケーション不足があったのか）、原因を突き止めるのが大切である。

また、失敗した者の責任追及を目的に聴取しようとすると、その者の保身を誘うことになり、その心理状態を包み隠さず明らかにしてもらうのは難しい。故意に失敗する者はいない。完全無欠の人間はおらず、誰でも失敗することがある。

過失により失敗したのであれば、その者の責任を厳しく問うべきではない。責任の追及よりも、再発防止策を確実に講じることを優先させるべきである。仮に、厳しく責任を追及すると、その者のみならず、他の職員の萎縮を招く。職員の大半が失敗を恐れるあまり、決められたことを無難にこなせばよいという思考に陥ると、もはやその職場の活性化は期待できないであろう。

四　「高きに登るは卑きよりす」

事を行うには、全て一定の順序があり、労を惜しんで一足飛びに行ってはならないという意味である。以下、1では、ミスの防止に有効な手順を飛ばしてはならない事例を紹介する。2では、たとえ出すべき結論の内容が明らかなように見えても、法令上定められた手順（手続）を飛ばしてはならない事例を紹介する。

1　確認の怠り

仕事には失敗がつきものと言われる。確かに、仕事の内容によっては、失敗が許されることがある。例えば、研究開発の仕事では、最後の成功の前には数多くの失敗がある。

しかし、公務員の仕事の中には、確認を怠らなければ、失敗を回避できるものが多い。しばしば起きる失敗例を紹介しよう。

⑴　文書の誤送付

好きであるか、得意であるかにかかわらず、日常的な仕事であればあるほど、気が緩みがちで、そこに大きな落とし穴があることに思いを致すべきである。特に、これがマンネリ化、形骸化していくと、要注意である。

例えば、文書の誤送付が後を絶たない。封筒の宛名とこれに封入する文書の宛名が一致しているかどうかの確認を怠り、別の住民の文書を誤って封入して送付してしまうといったことである。職員にとっては何万分の一の出来事かもしれない。しかし、誤った文書を送付される住民にとっては、一分の一の出来事である。その住民の立場に立てば、犯してはならない誤りであることは明白である。誤送付を防止するのに効果的な方法は、複数の職員による作業である。しかし、これもマンネリ化すると、お互い別の職員がしっかりと確認してくれているだろうと油断し、誰もしっかりと確認をしなかったために誤送付をしてしまうといったこともありうる。

確認を疎かにしないようにするには、一人の職員が長時間同じ仕事を続けるようにしないことである。別の仕事に従事したり、休憩したりすることでマンネリ化を防ぐことが必要である。一時別の過ごし方をすることも、ミスを防止するための手順といえよう。

⑵　誤字・脱字

誤字や脱字も犯しがちなミスである。ミスを防止するため複数の職員で確認を行うのであれば、一人が文字を目で追い、もう一人が声を出して文字を読むようにすれば、ミスの防止に効果的である。このように、一人の職員が誤っても、組織的に点検できる体制を整備することが必要である。

⑶　情報の漏洩

公務員には守秘義務が課されていながら（地方公務員法三四条一項）、しばしば起こる事例として、秘密にすべき情報が職員の過失により漏れてしまうことがある。特に、コンピューターの設定や操作の誤りにより漏れてしまう事案が後を絶たない。情報は一度漏れてしまうと、これを回収することはできない。「**覆水は盆にかえらない**」ということわざがまさに当てはまる。

○地方公務員法（昭和二五年一二月一三日法律第二六一号）

（秘密を守る義務）

第三四条　職員は、職務上知り得た秘密を漏らしてはならない。その職を退いた後も、また、同様とする。

2〜3　略

情報の漏洩という不祥事で近年しばしば起こっているものの一つに、複数のメールアドレスに電子メールを送信したことにより、受信した側がお互い他のメールアドレスも分かってしまうことがある。このような事態を防止するため、受信した側には他の誰に送信されているのかが分からないように、宛先を「ＢＣＣ（Blind Carbon Copy）」に設定するのが本来のやり方である。ところが、うっかりしてこの設定をせずに送信してしまうミスが後を絶たないのである。

筆者自身、ＢＣＣの電子メールを受信することが多い。その時に違和感を覚えるのは、メール本文の冒頭に「……の皆様」となっているのであればまだしも、宛先が書かれていない場合である。受信した側から見れば、失礼な電子メールだと感じるものである。筆者は、受信した側にも違和感を感じさせず、送信する側も「ＢＣＣ」の設定を忘れないようにするため、電子メールの文章の冒頭に「このメールは、ＢＣＣで送信しています。」と書くように職場で推奨したことがある。このような小さな工夫でミスを防げることが多い。これも、ミスを防止するための有効な手順である。

【余談】覆水は盆にかえらない

このことわざに対応する経済用語として、「サンク・コスト（埋没費用）」があります。税金を預かる自治体職員として理解しておくべき概念です。

「埋没費用」とは、「すでに費やされてしまって回収不能なもの、あるいはどう転んでもこれから費やさざるを得ないもの」をいい、「いまさらどうすることもできない過去に終わってしまったことは、考慮の対象に持ち出すべきではない」とされています（梶井厚志『故事成語でわかる経済学のキーワード』〔中公新書、二〇〇六年〕五頁）。

例えば、一定の需要があると見込んで、ある公共サービスを提供する公の施設を建設したとしましょう。ところが、その見込みが大幅に外れ、閑古鳥が鳴くほど利用者が少なく、施設の使用料収入を大幅に上回る維持管理コストがかかってしまっているとします。この場合、既に施設の建設に膨大な税金を投入していることから、まずは利用者の増加を目指そうとするのではないでしょうか。しかし、その努力の甲斐がなく、利用者数が低迷を続けるとすれば、施設の用途を変更するか、又は施設の売却を考えざるを得ないでしょう。このとき、少なくとも、施設の設計に要した費用のうち当初の用途に固有の部分は、全く回収不可能です。この費用が埋没費用に当たります。この部分の費用が高額であったとすると、せっかく高い費用をかけたのだからと、この費用に囚われてしまいがちになります。しかし、これに囚われてそのまま施設を使い続けることは、あってはなりません。税金の無駄遣いとの批判を受けるとしても、方針を変更するのが賢明な選択なのです。

確かに、埋没費用を発生させたのは、大きな問題です。しかし、このまま使用料収入を大幅に上回る維持管理コストを計上し続ける方が、もっと大きな問題なのです。元はといえば、需要の見込みを誤ったところに原因があり、過去を振り返るとすれば、需要を見込んだ時点での判断が、最も問われるべきです。

仮に、施設の用途を可能な範囲でどのように変更しても、需要の増加を見込めないのであれば、施設を売却するほかありません。売却するのであれば、その一部が埋没費用となります。例えば、一〇億円の工事費で建設した施設を六億円で売却できれば、四億円が埋没費用となり、残りの六億円が回収されます。

これにより確かに、埋没費用分は無駄になります。しかし、需要の見込みを誤ったことについて、これを教訓とできれば、決して全てが無駄にはなりません。埋没費用を惜しまず、この経験を生かして同じ失敗を繰り返さないようにすることが肝心です。

2 適正な手続の実践

(1) 憲法による手続保障

「何人も、法律の定める手続によらなければ、その生命若しくは自由を奪はれ、又はその他の刑罰を科せられない。」との憲法三一条の規定は、刑事罰を科す際に適正な手続を求めたものであるが、平成四年七月一日最高裁大法廷判決（民集四六巻五号四三七頁）は、次のとおり行政手続についても同条による保障が及ぶと判示している。

憲法三一条の定める法定手続の保障は、直接には刑事手続に関するものであるが、行政手続については、それが刑事手続ではないとの理由のみで、そのすべてが当然に同条による保障の枠外にあると判断することは相当ではない。

しかしながら、同条による保障が及ぶと解すべき場合であっても、一般に、行政手続は、刑事手続とその性質においておのずから差異があり、また、行政目的に応じて多種多様であるから、行政処分の相手方に事前の告知、弁解、防御の機会を与えるかどうかは、行政処分により制限を受ける権利利益の内容、性質、制限の程度、行政処分により達成しようとする公益の内容、程度、緊急性等を総合較量して決定されるべきものであって、常に必ずそのような機会を与えることを必要とするものではないと解するのが相当である。

(2)　行政手続法及び行政手続条例による手続保障

違法行為を是正するため、何らかの不利益処分をしようとするとき、その根拠規定が法律にあれば行政手続法に、条例にあれば行政手続条例に基づき、聴聞又は弁明の機会の付与の手続を執らなければならないこととなっている（行政手続法一三条一項参照）。これは、(1)の判決の趣旨を踏まえたものといえる。

また、不利益処分をする場合は、その理由の提示が必要となっているが（同法一四条一項本文参照）、処分の原因となる事実及び処分の根拠法条のみでは不利益処分の理由の提示としては十分でないので、

注意が必要である（平成二三年六月七日最高裁第三小法廷判決〔民集六五巻四号二〇八一頁〕参照）。

○行政手続法（平成五年一一月一二日法律第八八号）

（不利益処分をしようとする場合の手続）

第一三条　行政庁は、不利益処分をしようとする場合には、次の各号の区分に従い、この章の定めるところにより、当該不利益処分の名あて人となるべき者について、当該各号に定める意見陳述のための手続を執らなければならない。

一　次のいずれかに該当するとき　聴聞

イ　許認可等を取り消す不利益処分をしようとするとき。

ロ　イに規定するもののほか、名あて人の資格又は地位を直接にはく奪する不利益処分をしようとするとき。

ハ　名あて人が法人である場合におけるその役員の解任を命ずる不利益処分、名あて人の業務に従事する者の解任を命ずる不利益処分又は名あて人の会員である者の除名を命ずる不利益処分をしようとするとき。

ニ　イからハまでに掲げる場合以外の場合であって行政庁が相当と認めるとき。

二　前号イからニまでのいずれにも該当しないとき　弁明の機会の付与

2　略

（不利益処分の理由の提示）

第一四条　行政庁は、不利益処分をする場合には、その名あて人に対し、同時に、当該不利益処分の理由を示さなければならない。ただし、当該理由を示さないで処分をすべき差し迫った必要がある場合は、この限りでない。

2〜3　略

さらに、申請により求められた許認可等を拒否する処分をする場合についても、具体的にその理由を提示しなければならない。例えば、情報公開請求に対して岡山県高梁市長が非公開の決定をした際、その理由を「開示請求に係る行政文書を保有していないため。」とのみ提示したことについて、不十分な提示であるとしてその決定を取り消した裁判例があるので要注意である。二〇一六年（平成二八年）六月一五日、岡山地方裁判所は、次のとおり判示している（裁判所ウェブサイト掲載判例）。

請求に係る文書を保有していない要因としては、当該文書をそもそも作成していない場合、作成はされたが破棄又は紛失したために現存していない場合、物理的には当該文書が存在するものの決裁等の手続が未了である場合など様々なものがあり得るところ、単に実施機関が請求に係る文書を保有していないという理由のみが示されたとしても、開示請求者においては、どのような要因により実施機関が当該文書を保有していないのかを了知することができず、不服申立てを行うべきか否か等の判断をすることが極めて困難になる。そうすると、実施機関が、請求に係る文書を保有していないことを理由として不開示決定をする場合には、当該文書を保有していない事情について請求者が了知し得るほどに提示しなければならないというべきであり、単に当該文書を保有していないという記載のみでは不開示の理由として不十分であると解される。

したがって、不開示の理由を「開示請求に係る行政文書を保有していないため。」とした本件決定は、理由提示の要件を欠くものであり、行政手続条例七条一項に違反する違法な処分であると認められる。

どこの自治体も、許認可等を拒否する処分をする場合にその理由の提示を義務付けた行政手続法八条に相当する規定を行政手続条例においても置いている。よって、処分が法律の基づくものであろうが、条例に基づくものであろうが、許認可等を拒否しようとするときは、その理由の提示を丁寧に行うことを心掛けるべきである。

○行政手続法（平成五年一一月一二日法律第八八号）

（理由の提示）

第八条　行政庁は、申請により求められた許認可等を拒否する処分をする場合は、申請者に対し、同時に、当該処分の理由を示さなければならない。ただし、法令に定められた許認可等の要件又は公にされた審査基準が数量的指標その他の客観的指標により明確に定められている場合であって、当該申請がこれらに適合しないことが申請書の記載又は添付書類その他の申請の内容から明らかであるときは、申請者の求めがあったときにこれを示せば足りる。

2　前項本文に規定する処分を書面でするときは、同項の理由は、書面により示さなければならない。

○高梁市行政手続条例（平成一六年一〇月一日条例第一二号）

（理由の提示）

第七条　行政庁は、申請により求められた許認可等を拒否する処分をする場合は、申請者に対し、同時に、当該処分の理由を示さなければならない。ただし、条例等に定められた許認可等の要件又は公にされた審査基準が数量的指標その他の客観的指標により明確に定められている場合であって、当該申請がこれらに適合しないことが申請書の記載又は添付書類その他の申請の内容から明らかであるときは、申請者の求めがあったときにこれを示せば足りる。

2　前項本文に規定する処分を書面でするときは、同項の理由は、書面により示さなければならない。

(3) 手続に関する規定がない場合の対応

行政手続法又は行政手続条例に明文の規定があれば、これを失念することはないだろう。しかし、ここで注意しなければならないのは、明文の規定がなくても、不利益処分の相手方に弁明の機会を与えるべきとされた裁判例があることである。

例えば、酒気帯び運転などを理由に中学校教諭を懲戒免職処分にしたことに対して争われた取消訴訟で、福岡高等裁判所は、二〇〇六年（平成一八年）一一月九日、当該処分が重過ぎるとしてこれを取り消す判決（判例タイムズ一二五一号一九二頁）を言い渡したが、当該処分に至る手続について次のとおり付言している。

> 免職処分は当該職員にとってこの上なく不利益な処分なのであるから、そのような処分をするに際しては、手続的にも適正手続を踏まえていることが不可欠の要請である。この点につき、原判決は、f県における市町村立学校の教職員の懲戒手続について、地方教育行政の組織及び運営に関する法律三八条一項に定める市町村教育委員会の内申をまって、同法四三条三項に基づき制定されたf県市町村立学校職員の分限及び懲戒に関する条例が準拠するところのf県職員の懲戒に関する条例に基づいてなされること、そこには被処分者の弁明についての規定は存在しないことを指摘した上で、「法令の規定上は告知・聴聞の手続を被処分者の権利として保障したものと解することはできず、告知・聴聞の手続きを取るか否かは処分

をする行政庁の裁量に委ねられており、手続上不可欠のものとは認められない。ただし、懲戒処分の中でも懲戒免職処分は被処分者の実体上の権利に重大な不利益を及ぼすものであるから、懲戒免職処分に際し、被処分者に対して告知・聴聞の機会を与えることにより、処分の基礎となる事実の認定に影響を及ぼし、ひいては処分の内容に影響を及ぼす可能性があるときに限り、上記機会を与えないでした処分は違法となると解される。」としているが、にわかに首肯することができない。いやしくも、懲戒処分のような不利益処分、なかんずく免職処分をする場合には、適正手続の保障に十分意を用いるべきであって、中でもその中核である弁明の機会については例外なく保障することが必要であるものというべきである。

これを本件についてみるに、本件処分に先立ち、b校長、c教育長及びd教頭らが控訴人に対し、本件酒気帯び運転及び本件紛失について事情聴取を数度行っていることは認められるものの、これはあくまで処分をする側の必要からする事実調査の域を出ないものであって、控訴人に対して弁明の機会を付与したものとはいえない。また、そのほかに、控訴人に弁明の機会が与えられた形跡はない。

そうであれば、本件処分は、適正手続の保障という意味においても重大な問題を含んでいるものといわざるを得ない。

懲戒処分については、行政手続法三条一項九号の規定により、同法に定める弁明の機会の付与の規定の適用を受けない。地方公務員法には、これに相当する規定はない。条例で当該規定を置くことが禁じられているわけではないので、弁明の機会の付与に関する規定を条例に置いてもよい。しかし、当該規定を条例に置いている自治体は、寡聞にして知らない。

○行政手続法（平成五年一一月一二日法律第八八号）
（適用除外）
第三条 次に掲げる処分及び行政指導については、次章から第四章の二までの規定は、適用しない。
一～八 略
九 公務員（国家公務員法（昭和二二年法律第一二〇号）第二条第一項に規定する国家公務員及び地方公務員法（昭和二五年法律第二六一号）第三条第一項に規定する地方公務員をいう。以下同じ。）又は公務員であった者に対してその職務又は身分に関してされる処分及び行政指導
一〇～一六 略
2～3 略

こうしたことから、この判決でも指摘されているとおり、懲戒処分をしようとするときは、事実関係を明らかにするために事情聴取が行われるものの、弁明の機会までは付与していないことが多いと思われる。しかし、(1)の最高裁判決の趣旨を踏まえた対応が必要であり、たとえ条例に定めがなくても、適

正手続の保障の確保を図るべく、弁明の機会を付与すべきである。

法律や条例の規定の中には、違法行為があった場合の対応として、その旨を公表するという規定を置いている例がある。ここで、不利益処分は、「行政庁が、法令に基づき、特定の者を名あて人として、直接に、これに義務を課し、又はその権利を制限する処分をいう。」という行政手続法二条四号の定義からすると、公表は、それには当たらないが、違法行為があったことを不特定多数の者に知らしめることになるので、違法行為を行った者に対して事実上の不利益を与えるものである。よって、公表の前に弁明の機会を付与することにより、手続の適正さを担保すべきである。

野洲市くらし支えあい条例では、違法な訪問販売に対して、次のとおり公表する旨の規定を置いており、あらかじめ弁明の機会を付与している。

○野洲市くらし支えあい条例（平成二八年六月二四日条例第二〇号）

（登録）

第九条　市の区域内における訪問販売は、市長の登録を受けた事業者（以下「登録事業者」という。）でなければ、行ってはならない。

（訪問販売の制限等）

第一七条　略

2　登録事業者は、訪問販売に係る契約を締結しない旨の意思を表示した者に対し、当該契約の締結について勧誘をしてはならない。
3　市長は、事業者が第九条又は前項の規定に違反していると認めるときは、その旨を公表することができる。
4　市長は、前項の規定による公表をしようとするときは、あらかじめ同項の事業者にその旨を通知し、弁明及び有利な証拠の提出の機会を与えなければならない。
5　略

このように、相手方に何らかの不利益を与えようとするときは、それが妥当かどうかを適切に判断するためにも、相手方の言い分を聴く機会を十分に与えるべきである。

五　「濡れぬ先こそ露をも厭え」

濡れる前は、少しでも濡れないように露をも避けようとするが、少しでも濡れてしまうと、いくら濡れても構わなくなることから、一旦過ちを犯すと、どんな過ちや悪事でも平気で行うようになってしまうという意味である。

1　規範意識が低下する典型的な事例

例えば、業務上の必要からある住民の個人情報を閲覧していたとき、偶然その住民の親族に知人がいると分かり、その知人の親族関係に興味を持ってしまい、業務外の情報も閲覧してしまう。すると、他の知人もどうかと気になり始め、業務上の必要性がないにもかかわらず、次々とたくさんの知人の情報を閲覧してしまうといったことである。

業務外で個人情報を閲覧しても、それを外部に漏らさない限り誰にも迷惑をかけるわけではない。しかし、業務に従事すべき時間に業務外の行為をすることは、職務専念義務に違反する行為であり、懲戒処分の対象となる。

この事例のように、これぐらいは大丈夫だろう、大目に見てくれるだろうと自らの行為を正当化して、ルールを破ることは、規範意識を強く持ち続けない限り、ありがちである。

2　必見の映画「転落の構図」

筆者がかつて職員研修で視聴した映画の中で、強く印象に残っているものがある。東京都職員研修所が一九八七年（昭和六二年）に制作した「転落の構図」という映画である。仕事に熱心な係長が主人公である。出入りする業者に厳しい対応をしていたが、業者の一人に同郷の後輩がいると知り、軽く一杯と誘われ、付き合うようになった。当初は割り勘にすれば良かったと思ったが、そのうち奢られることに抵抗感がなくなり、最後には、入札の予定価格をその業者に漏らしてしまう。このように、同郷のよしみが切っ掛けとなって、業者につけ込まれていく様子が鮮やかに描かれている。その後、これが発覚し、その職員は逮捕され、その職員の家族が夜逃げを余儀なくされ、最後は、裁判で有罪判決を言い渡されたその職員が電車に飛び込む寸前（自殺直前）のところで終わっている。

人生の転落への道を歩んでいく典型的な構図を描いており、同じ公務員として身につまされる内容である。読者にはぜひ、所蔵している研修所又は図書館から借りて視聴していただきたい映画である。

3　過ちを犯さない方法

過ちを犯さないようにするには、どのようにすべきであろうか。

まず、少しぐらい過ちを犯しても大丈夫だとの考えが芽生えたときは、自らの誤った行動がどのような結果を招くおそれがあるのかを具体的に想像することが必要である。2の「転落の構図」のように人生を棒に振る可能性があることまで想像できれば、悪事を思い留まるのが普通である。

また、過ちを犯したとき、それは過ちであるということは、認識しているものである。例えば、自動車の運転免許を取得するのに必要な道路交通法の知識を持ち、運転する技能を身に着けさえすれば、それでよいというわけではない。これに加えて必要なのは、運転手の安全運転をしようという意識である。この意識が欠如していると、交通事故を引き起こす可能性が飛躍的に高まる。この例から分かるように、過ちを犯さないという意識を強く持つことが必要不可欠である。

4　ルール作りによる防止

人としての「弱さ」に付け込まれないようにするには、公務員が利害関係者とどのように付き合っていくべきかをルールとして定め、広く周知することが必要である。この点、国家公務員への接待が問題となり制定された国家公務員倫理法に倣い、公務員倫理条例を制定した自治体が多い。最終的には公務員自身を守ることになる条例であるので、未だ制定をしていない自治体は、制定を検討すべきである。また、既に制定している自治体は、条例の適切な運用に努めなければならない。

利害関係者との付き合いを一切禁止すると、円滑な業務の遂行の妨げとなる。そこで、京都市の条例では、一定の場合には付き合いを認めているが、その際には、報告を義務付けている。自治体職員は、自身の自治体の例規を見て、具体的にどこまでの付き合いであれば許されるのか、どのような場合に報告しなければならないのかをしっかりと把握しておくことが必要である。

六　「怒りは敵と思え」

怒りは自分の身を滅ぼす敵だと思って慎むべきであるという意味で、徳川家康の遺訓とされるものである。

職場において部下に指導をしようとした際に、怒りを抑えられず、パワーハラスメント（第四章六1⑵〔二七二頁〕参照）の言動に及んだというケースをよく耳にする。また、日頃は穏やかな人でも、何かの切っ掛けで怒りを抑えられなくなることがある。特に、気分がもやもやしているときは、ほんの些細なことでも怒りの引き金になりうる。

1　不幸な事例

職員から「殺したろか」と怒鳴られた住民が、心的外傷後ストレス障害（ＰＴＳＤ）になったとして、自治体に損害賠償（慰藉料五〇〇万円）を請求したところ、五〇万円の国家賠償責任が認められた事件がある（二〇〇五年〔平成一七年〕一二月一四日京都地裁判決〔裁判所ウェブサイト掲載判例〕）。

住民が大声で職員を一方的に責め立てたのに対し、その職員も感情的になって「何か文句あんのか、このおばはん」と大声を出していると、住民がその職員の胸を押したため、その職員も感情を抑え切れず、近くの机の上に置いてあったプラスチック製の書類入れのカゴを振り上げ、「おばはん、殺したろか」と発言したというものである。この職員は、当初は興奮していたが、別の職員から椅子に座るように促されて座ると、後悔と反省の念に襲われ、この住民に謝罪している。

判決では、この発言について「いかなる経緯があるにせよ、公務員としてあるまじき行為であって、明らかに違法であると言わざるを得ない。」とし、この住民は、この職員の言動によって、ＰＴＳＤになったとされた。

この住民は、薬物療法により、不眠、不安症状は改善している。また、ＰＴＳＤ自体、元来快復が期待できるものであるほか、この職員は、この住民だけでなく、その夫からも罵倒されている。こうしたことから、判決で認められた慰謝料は、この住民の請求の一〇分の一にとどまっている。

なお、この判決に先立ち、この職員は、停職一〇日の懲戒処分を受けている。

2　効果的な対処法

職員が住民から罵声を浴びせられるのは珍しくなく、職員はこれに耐えて対応していかなければならない。しかし、これに耐えられず、思わず怒りの感情をあらわにしてしまいそうになることがある。怒りの感情が生じるのは、避けられないと考える方がよい。とはいえ、怒りが原因で不祥事を起こせば、人生を棒に振ることもある。そこで、怒りを感じたときの対処方法を知っておくことが必要である。その点、次の文章は大いに参考になるので、紹介したい。

海原純子「90秒ルール」（一日一粒心のサプリ）
（毎日新聞二〇〇九年六月二一日「日曜くらぶ」から抜粋）

怒った瞬間、すぐ相手に対して怒りの感情をぶつけると、相手はその見幕にびっくりして防衛しようとして反応する。これがさらに関係をこじらせる引き金となる。

では、カッとした時にはどうすればいいのだろう。アメリカの女性医学者、ジル・テイラー博士は「90秒ルール」という提案をしている。

（中略）

博士によると、感情の波は90秒は続くが、その後は感情をコントロールする選択をできるようになるという。つまり、どうしようもない激情は90秒は続くが、その時すぐに行動したり言葉を投げつけると失敗するのである。

まず90秒間は自分で怒りの感情の相手をする。一人で「怒ったゾ！」と叫んだっていい。大いに一人で怒ったら少し冷静に自分を見つめられる。相手に反応するのはそれからにすればよい。

メールやチャットがコミュニケーションを壊すのは、この90秒ルールのワナにはまるからである。怒った瞬間に相手に感情をぶつけるから大ごとになる。

その昔、通信手段が手紙だけの時代は、手紙を書いているうちに90秒が過ぎ冷静になれた。携帯電話がないころは公衆電話を探しているうちに90秒経過した。便利な時代、怒った時はちょっと待て、が必要かも。

海原純子「『思い出し怒り』にご注意」（新心のサプリ）

（毎日新聞二〇一二年七月一日「日曜くらぶ」から抜粋）

一杯飲んで忘れたつもり、になっていても、しばらくして「あの時、あんなことがあった」と思い出して怒りが再びよみがえり以前にも増して感情が爆発しそうになることはないだろうか。「思い出し怒り」といえるかもしれない。

（中略）

怒りは、まぎらわすのではなく、それをいかに整理し自分なりの決着をつけうけ入れるかということが怒りの反復を停止させる決め手。怒りの原因となる相手を変えられなくても、自分が相手にどう対応するか、怒りをおさえてまぎらわすのでない対策について考えることが必要なのである。

筆者は、大学時代に電車に乗っていたとき、突然、居合わせた乗客から怒りの感情をぶつけられたことがある。その乗客は、自らの感情をコントロールできなくなり、所構わず見知らぬ筆者に対して怒ってきたのである。筆者は、突然のことであったため、なすすべがなく、ただこれを受け入れるだけであった。その時、筆者は、全く怒りの感情が生じなかった。その乗客には怒りを抑えられない事情があり、気の毒なことだという思いになっただけである。また、その乗客にはその母親らしい人と一緒にいて、その母親が止めるのを聞かなかったものであり、その母親にも同情してしまった。約三〇年前のこの経験は未だによく覚えており、このような経験の影響もあり、住民が筆者に怒りをぶつけてきても、その住民を気の毒に思うことにより、筆者自身の怒りの感情を抑えられるようになっている。人の気持ちは、考え方に影響される。同じ事象でも怒って受け止めるのではなく、気の毒なことだと受け止めることにより、自らにかかってくるストレスを軽減させているのである。要は、心の持ちようである。

七 「巧を弄して拙をなす」

技巧に走り過ぎると、失敗に終わることをいう。ここでは、法律に基づく制度が複雑になり過ぎると、一般の国民はもちろんのこと、これを執行する立場の人にとっても使い勝手の悪いものとなり、制度本来の目的の実現が難しくなることを説明する。

1 複雑な介護保険制度

国は自治体に対し、社会福祉に関する諸制度の執行を委ねているが、これは財源保障と不可分のものとなっている。その典型例は、介護保険制度である。ここで問題なのは、国が詳細に制度設計しているという点である。介護保険制度は、国が制度設計をし、その執行を市町村と特別区に委ねている（介護保険法三条）。自治体がこの制度に基づく執行を拒否するという選択肢はない。同法は、二〇〇〇年（平成一二年）施行の地方分権一括法と同時施行の自治事務として「地方分権の試金石」と言われながら、

「箸の上げ下ろし」まで事細かく国が関与している制度の一つである。

○介護保険法（平成九年一二月一七日法律第一二三号）

（保険者）

第三条　市町村及び特別区は、この法律の定めるところにより、介護保険を行うものとする。

2　略

厚生労働省の「介護報酬」のウェブページを見ると、介護報酬の改定があった年には、多数の改定に関する省令、告示及び通知、更には膨大な数のＱ＆Ａが出されており、自治体はこれらに依拠しながら事務を進めているのが実態である。

こうした実態については、サービスの単価を示す「サービスコード」の数の急増（二〇〇〇年〔平成一二年〕にあっては一七六〇件、二〇一五年〔平成二七年〕にあっては二万九五四六件）からも窺い知ることができる（三原岳「報酬改定に見る介護保険の課題――制度複雑化の過程と弊害」〔https://www.tkfd.or.jp/research/heathcare/a00844〕参照）。

これだけ詳細な基準を設けないと、制度として成り立たないものなのか。これらをしっかりと理解しないと適切に運用できないのであれば、それは自治体職員にとっては過度な負担ではないか。これでは本来、人と向き合って仕事をすべきであるにもかかわらず、その多くの時間を文書に向かわせるものとなっていることに気付かなければならない。文書に向かう仕事は、将来は人工知能（ＡＩ）が代替するようになり、より効率的に仕事ができるようになるかもしれない。とはいえ、人工知能が行っていることを把握しておかなければ、これを制御できず、逆にこれに使われてしまうことになるので、要注意である。こうしたことからも、可能な限り簡素な仕組みにすべきである。

ところで、税制の基本原則の一つに「簡素の原則」がある。ところが、今や、条文が複雑なうえに、幾多の租税特別措置も重ねられ、一般の人には分かりにくい税制になっている。介護保険制度も同じ道を歩んでいる。サービスを提供する者、受ける者双方にとって、複雑過ぎるものとなり、サービスを受ける者の選択により必要なサービスを受けるということの制度本来の目的の達成が困難な原因の一つになっている。

2　簡素な生活困窮者自立支援制度

介護保険制度に対し、同じ轍を踏まないようにという思いで制定されたのが、二〇一五年（平成二七年）四月一日に施行された生活困窮者自立支援法である。わずか二三条の条文の法律ということからも窺えるように、自治体の裁量の幅が広いものとなっている。

自治体の創意工夫で事業を実施できるにもかかわらず、自治体が厚生労働省に運用方法を細かく尋ねるようでは、Q&Aが増えるばかりで、事実上これに拘束されるようになってしまう。そのような状況にならないよう、自治体は、国と向き合うのではなく、現場に立ち住民と向き合って必要な施策を具体的に検討し、実施するようにすべきである。その際、制度を複雑にすればするほど、それを運用する職員の負担増につながるばかりでなく、制度を利用する住民の自己決定の妨げとなることに留意し、できる限り簡素で分かり易い仕組みの構築に努め、運用していかなければならない。

八　「羹《あつもの》に懲りて膾《なます》を吹く」

熱いスープを飲んでやけどした人が冷たい料理も吹いて冷ますという意味で、前の失敗に懲りて度を越して用心深くなることのたとえである。

パソコンにウィルスが感染し、又は職員が操作を誤って、個人情報が外部に流失する事故が絶えない。こうした事故がある度に、漏洩させた者が所属する組織の幹部が謝罪し、事態の収拾に追われている。そのため、自治体の現場では、このような事態があってはならないという意識が強い。このような意識を持つこと自体は、もちろん必要である。ところが、こうした背景もあって、近年繰り返し問題になっているのが、個人情報の過剰な保護である。例えば、災害が発生したときに、被害に遭った人の個人情報が明らかにされず、その人の親族の安否確認の遅れ、さらにはその人の命の危険につながることもありうる。

二〇〇六年（平成一八年）二月二八日付個人情報保護関係省庁連絡会議申合せ「個人情報保護の円滑な推進について」では、必要とされる個人情報の提供が行われない「過剰反応」の問題を取り上げている。例えば、本人からの同意を得なくても個人情報を提供できる場合の例として「人の生命、身体又は財産の保護に必要な場合」、具体的には、「大規模災害や事故等の緊急時に、患者の家族等から医療機関に対して、患者に関する情報提供依頼があった場合」や「製品に重大な欠陥があるような緊急時に、メーカーから家電販売店に対して、顧客情報の提供依頼があった場合」が挙げられている。

個人情報が漏洩してしまうと、もはやその情報の伝播を止める手段はない。そのため、漏洩してしまったとして非難を受けることを恐れるあまり、過剰に情報の提供を拒むことは、かえってその情報に係る本人の保護につながらない場合もあることに注意する必要がある。「過ぎたるは猶及ばざるが如し」である。

第四章　コンプライアンスを確実に実践するには？

一　「法律は不能事を強いない」

イギリス法の格言である（柴田光蔵『ことわざの知恵・法の知恵』〔講談社現代新書、一九八七年〕一二六頁）。たとえ罰則で威嚇されても、できないことをするように求められれば、如何ともし難い。そのような法律は、法律に値しないのである。

1　法が守られなかった事例

法が守られないことが多いとすれば、それを守らない人にではなく、法に問題があるかもしれないと考えるべきである。法が法として機能するには、行為を制限され、又は義務付けられる者の立場からすると、法が分かり易く、実践し易い内容であることが必要である。

かつてアメリカ合衆国では、禁酒法が一九一九年に制定されたが（一九二〇年から施行）、密造酒が横行したため、一九三三年に廃止されている。お酒が好きな人にとっては、これが禁止されるのは到底受け入れ難いものであり、およそ不可能なことを強いているのに等しい。人々の支持があって初めて法が法として機能することからすれば、違法行為が横行し、密売組織に莫大な利益をもたらした禁酒法が、成果を挙げず早々に廃止されたのは当然である。

2　適切な執行が困難な事例

法を執行する立場からしても、法が分かり易く、執行し易い内容である方がよい。ところが、現行法を見ても、分かり易く、執行し易いとはいえないものがある。条文を読んだだけでは、どのように適用すべきかが直ちに明らかではない場合、関係する当事者の間で法の解釈や適用を巡って争いとなりうる。条文の趣旨が明確でないため、適切に法を執行したくてもそれができないとなれば、「法律は不能事を強いない」という格言に反しているといえる。ここでは、適切な執行が不可能とまではいえないが、それが極めて困難な例を紹介しよう。

自治体の現場において、頭を悩ませるものの一つに、弁護士法二三条の二第二項の規定に基づく弁護士会からの照会がある。照会の内容が自治体の保有する個人情報に係るものであるとき、自治体が守秘義務（地方公務員法三四条一項（一四四頁に掲載））を理由に回答を拒むと、これを必要とする弁護士から強く抗議されることがある。弁護士法二三条の二第二項は、「必要な事項の報告を求めることができる。」という規定の仕方をしているので、そもそも報告を求められた側がこれに応じる義務があるかどうかが一義的には明らかでない。

○弁護士法（昭和二四年六月一〇日法律第二〇五号）
（報告の請求）
第二三条の二　弁護士は、受任している事件について、所属弁護士会に対し、公務所又は公私の団体に照会して必要な事項の報告を求めることを申し出ることができる。申出があつた場合において、当該弁護士会は、その申出が適当でないと認めるときは、これを拒絶することができる。
2　弁護士会は、前項の規定による申出に基き、公務所又は公私の団体に照会して必要な事項の報告を求めることができる。

この点、強制力はないものの、原則として報告義務があると解されている（平田浩「中京区長前科回答事件」ジュリスト七四四号三四頁〔一九八一年六月一五日号〕、佐藤和寿「弁護士法二三条の二に基づく照会に対し区長が前科犯罪歴の回答をしたことが違法であるとされた事例」地方自治〔ぎょうせい〕四〇四号七〇頁〔昭和五六年七月号〕、大阪地裁昭和六二年七月二〇日判決〔判例時報一二八九号九四頁〕など参照）。

原則という以上、例外がある。報告義務がないのは、どのような場合かが問題となる。右の大阪地裁判決によれば、次のとおりとなる（平成二八年一〇月一八日最高裁第三小法廷判決〔民集七〇巻七号一七二五頁〕における岡部喜代子裁判官の補足意見も同旨）。

「照会先においては、正当な事由があれば、回答を拒否しうると考えられ、その正当な事由の存否は、照会を求める弁護士からの申出書に記載されている照会を求める事由との関係において個々具体的に判断すべき」であり、「照会事項が第三者のプライバシー、名誉及び信用等に直接関連するものであり、かつ照会に応じた回答がされることによって当該第三者が被る不利益が、照会事項についての回答を拒絶した場合に生ずるであろう不利益より大であるとき」は、正当な事由があるものと考えられる。要するに、「問題は、弁護士会の照会権のはたす社会的重要性に鑑みて照会権を優先させるか、個人のプライバシーを保護するかという二つの対立した法益をどのように調整するか」ということになる（佐藤前掲論文七一頁参照）。

「二つの対立した法益」を比較考量するのは、容易ではない。情報は、一度流出すると、それを流出前の状態に戻すことは不可能である。情報のそのような性質に鑑みれば、慎重に対応せざるを得ない。そのため、照会を行った弁護士を怒らせることが多い事務である。

例えば、パワーハラスメント（六1⑵〔二七二頁参照〕）が原因との疑いで職員が自殺する事件が発生したとする。この職員の遺族の代理人である弁護士が事実関係（特に、パワーハラスメントの加害者）を明らかにしたいと考え、弁護士会から自治体による調査記録の開示を求められた場合、これに応じるべきであろうか。

照会に回答することにより加害者とされる可能性がある職員が被る不利益が、回答を拒否した場合に生じるであろう不利益より大きいかどうかは、容易に判断できない。仮に、当該職員がパワーハラスメントを行ったことを否認している場合、他の者の証言内容等により当該職員の言い分が事実であるとして当該職員を守ろうとするのであれば、当該職員を明らかにする内容の回答を拒否することになるであろう。逆に、犯罪に相当するパワーハラスメントがあったと事実認定をすれば、弁護士会からの照会に回答すべきであろう。しかし、パワーハラスメントがあったかどうかの事実認定が困難な場合もある。この場合、仮に回答すれば、その内容を読んだ遺族側は、事実認定は困難ではなく、当該職員によるパワーハラスメントがあったと評価する可能性がある。そのような可能性があることを念頭に置けば、回答することにより当該職員は不利益を被るおそれがあるといえる。よって、当該職員を明らかにする内容の回答を拒否するという慎重な対応をすべきである。

二 「不足奉公は両方の損」

不平を抱きながら奉公するのは、主人も奉公人も共に損であるという意味である。制定された法に不平を言う者が多ければ、その者だけでなく、立法者や法を執行する者にとっても損である。なぜなら、不平を言う者の声が放置されれば法に従わない者が次第に多くなり、逆に強硬に従わせようとすると、ますます不平不満が募り、無視や反発を招き、その結果、法に対する信頼を失い、法を執行する者は手詰まりになるおそれがあるからである。

1　従来の法解釈が通用しなかった事例

社会的に混乱したとまではいえないが、国が示した法律解釈が無視され、この解釈に反する行為が広がり、最終的には国がその状況に合わせて法律解釈の変更を行った事例がある。

それは、理容師と美容師のそれぞれの業務に対する規制の緩和である。理髪店と美容院との境界が実態として次第になくなり、二〇一五年（平成二七年）に出された厚生労働省の通知により、後追いという形で規制が緩和された。

理容師法では「容姿を整える」ために、美容師法では「容姿を美しくする」ために、それぞれの者に許される業務の内容が例示されている。前者は「頭髪の刈込、顔そり等」、後者は「パーマネントウエーブ、結髪、化粧等」である。法律では、これよりも具体的には定義付けがされていない。政令や省令にも、全く規定がない。そのため、所管省庁の通知により法律解釈が示されていたものである。

一九七八年（昭和五三年）に出された厚生省の通知では、次のとおり運用するとされた。すなわち、理髪店では、男性に対するカットを伴うパーマは認められるが、女性に対するパーマは認められない。

美容院では、パーマを伴うカットは男女を問わず認められるが、男性のカットのみは認められないとされた。

しかし、カットを目的に美容室に行く男性が数多く見られ、男性と女性で受けられるサービスの内容が異なることが批判され、当該通知では認められないとされたことができるようになったものである。

○理容師法（昭和二二年一二月二四日法律第二三四号）

第一条の二　この法律で理容とは、頭髪の刈込、顔そり等の方法により、容姿を整えることをいう。

2～3　略

○美容師法（昭和三二年六月三日法律第一六三号）

（定義）

第二条　この法律で「美容」とは、パーマネントウエーブ、結髪、化粧等の方法により、容姿を美しくすることをいう。

2～3　略

○理容師法及び美容師法の運用について（昭和五三年一二月五日：環指第一四九号各都道府県知事あて厚生

省環境衛生局長通知）

理容師法第一条第一項に規定する理容の行為及び美容師法第二条第一項に規定する美容の行為の範囲については、昭和二三年一二月八日衛発第三八二号厚生省公衆衛生局長通知をはじめたびたび通知してきたところであるが、近年における理容及び美容技術の変化、利用者の社会風俗の変化等に伴い、理容所又は美容所において行われる行為について種々疑義が生じている向きがあるため、今後は次により運用することとしたので、この旨十分御了知のうえ、貴管下営業者に対する指導につき遺憾のないようされたい。なお、昭和二三年一二月八日衛発第三八二号厚生省公衆衛生局長通知「理容師法の運用に関する件」のうち第二項は削除し、昭和三〇年一〇月六日衛環第七四号福岡県衛生部長宛厚生省環境衛生課長回答及び昭和四九年二月二一日環衛第三九号鹿児島県知事宛厚生省環境衛生局長回答は撤回する。

記

1　理容又は美容には、それぞれ理容師法第一条第一項又は美容師法第二条第一項に明示する行為のほかこれに準ずる行為及びこれらに附随した行為が一定の範囲内で含まれるものであり、理容師又は美容師は、それぞれこれらの行為を業として行い得るものであること。

2　1の趣旨にもとづき、理容師のコールドパーマネントウエーブに関する行為及び美容師のカッティングに関する行為並びに染毛については、次により取り扱うものであること。

(1)　理容師の行うコールドパーマネントウエーブについて

理容師が、刈込み等の行為に伴う理容行為の一環として男子に対し仕上げを目的とするコールドパーマネントウエーブを行うことは差し支えないが、これ以外のコールドパーマネントウエーブは行ってはならないこと。

(2)　美容師の行うカッティングについて

美容師が、コールドパーマネントウエーブ等の行為に伴う美容行為の一環として、カッティングを行うことは、その対象の性別の如何を問わず差し支えないこと。また、女性に対するカッティングは、コールドパーマネントウエーブ等の行為との関連の有無にかかわらず行って差し支えないこと。

しかし、これ以外のカッティングは行ってはならないこと。

(3)　染毛について

染毛は、理容師法第一条第一項及び美容師法第二条第一項に明示する行為に準ずる行為であるので、理容師又は美容師でなければこれを業として行ってはならないこと。

3　店頭等における表示においては、2に反する文言は使用しないよう指導されたいこと。

なお、その詳細は追って通知する予定であること。

○理容師法及び美容師法の運用について（平成二七年七月一七日：健発〇七一七第二号各都道府県知事・各政令市市長・各特別区区長あて厚生労働省健康局長通知）

理容師法第一条の二第一項に規定する理容の行為及び美容師法第二条第一項に規定する美容の行為の範囲については、昭和五三年一二月五日環指第一四九号厚生省環境衛生局長通知に基づき運用してきたところであるが、近年における利用者の社会風俗の変化等に伴い、今後は下記により運用することとしたので、この旨十分御了知のうえ、貴管下営業者に対する指導等を行われたい。

なお、昭和五三年一二月五日環指第一四九号厚生省環境衛生局長通知は廃止する。

記

1　理容又は美容には、それぞれ理容師法第一条の二第一項又は美容師法第二条第一項に明示する行為のほかこれに準ずる行為が一定の範囲内で含まれるものであり、理容師又は美容師は、それぞれこれらの行為を業として行い得るものであること。

2　1の趣旨にもとづき、理容師又は美容師が行い得る範囲等については、次により取り扱うこととする。

(1)　理容師がパーマネントウエーブを行うことは差し支えないこと。

(2)　美容師がカッティングを行うことは差し支えないこと。

(3)　染毛は、理容師法第一条の二第一項及び美容師法第二条第一項に明示する行為に準ずる行為であるので、理容師又は美容師でなければこれを業として行ってはならないこと。

このように、法に対する理解が得られないと、法に反する事実が法に勝ち、法（の解釈）の方が変更されることもある。

2　法を定着させる取組例

ところで、「民はよらしむるべし。知らしむべからず」は、「本来は、〈人は、規則・制度に従って行動はできるが、規則・制度化の趣旨・理由は——それを弁えることが大切なのに——なかなか汲み取ってくれない。〉という嘆きの表現であるが、誤解されて、〈民衆には、ルールの文言を知らせないで、ただその趣旨をまもらせるのがよい。ルールの文言を知らすと、いろいろ逃げ道を考えたりするから〉という意味にとられた」（笹倉秀夫『法解釈講義』〔東京大学出版会、二〇〇九年〕二九一頁）。

本来の意味であれば、現代社会でも生じていることである。しかし、とりあえず法に従ってもらえればそれでいいと満足してはならない。法に対する理解がなければ、いずれ綻びが出る。これを防止するには、法に対する理解が得られるよう、地道で丁寧な不断の取組が必要である。また、後段の誤解された意味であれば、現代社会では通用しない考え方である。なぜ法を守らなければならないのか、その理由の理解なくして、法が社会に定着することはあり得ないのである。

例えば、二〇〇七年（平成一九年）から実施された京都市の新景観政策は、法律の活用のほか、京都市の景観に関する四つの条例（京都市自然風景保全条例、京都市風致地区条例、京都市市街地景観整備条例及び京都市屋外広告物等に関する条例）の改正と、京都市眺望景観創生条例の制定により実施されており、これらにより、身近に見える景観から遠くに見える景観まで厳しい規制がされている（詳しくは、京都市のウェブサイトで公開されている「京都の景観政策」を参照されたい）。歴史都市・京都の優れた景観を守り、育て、五〇年後、一〇〇年後の未来へと引き継いでいくための大掛かりな取組である。こうした長期にわたる取組であればなおさら、次代にも確実にこの取組が理解され、継続されるよう、絶え間ない努力が必要である。そこで、京都市では、「京都の景観」という冊子を発行するなど広報活動を行うとともに、違法行為があれば粘り強く是正の指導を行い、是正に応じなければ最終的には行政代執行を行い、京都市が本気で政策を実現しようとしているという姿勢を見せている。これにより、この政策に対する理解と支持が得られているのではないかと感じている。

三　「制度の効力は、これにしたがう必要、したがうことの利益、したがおうとする感情の、完全な理解から生ずる」

人類学者のマリノウスキーの言葉である（高梨公之『法格言集』（評論社、一九七五年）五六頁）。決められたことに従って行動しなければならない。法令遵守という考え方からすると、当然のことである。しかし、そうした考え方だけでは、法は十分に機能しない。

1　法を決める主体

子供の頃を振り返ると、通常の遊びにルールを付加することにより、飽きないように楽しく遊んだ記憶がある。例えば、石が所々に転がっている場所で「おにごっこ」をするとき、鬼の交代をし易くするため、鬼は自由に動けるようにする一方、逃げる者は必ず石を踏んで逃げなければならないという制約を設けるといったことである。逃げ足の遅い特定の人ばかりが鬼になってしまうと、次第に面白みに欠ける。そこで、皆が楽しく遊べるように、一工夫したのである。

皆が楽しめると分かれば、その新たなルールは進んで遵守され、機能するのは当然である。また、一方的にルールを言い渡されるよりも、皆でルールを考えたうえで決めた方が、これに従おうとする気持ちが共有される。

一方で、筆者は、子供の頃から、そもそも決まり事が自分の関わらないところで決まっていることがあるという状況に疑問を抱いてきた。その際たるものは、学校の校則である。

中学校に入学したとき、生徒の服装や髪型を細かく決めていることに、強い違和感を覚えた。ただ、過去の生徒会活動の成果だったらしいが、他の中学校と異なり、男子生徒の頭髪が丸坊主でなくても許されていたので、小学生時代までの髪型を変える必要がなかったことから、安堵した記憶がある。

国会議員は国民を、地方議員は住民を代表して、議会で法（法律又は条例）を制定している。その際、国民（住民）が法案作りに直接関与することは少ない。そのため、一般には、法が言い渡されるといったイメージを持たれがちである。しかし、国民主権である日本の社会では、国民が立法においても主人公であり、積極的に意見を表明していくのが本来の姿である。意見の表明は、集会を通じてといった従来のやり方のほか、現代ではインターネットを利用して誰もが自由に行うことができる。パブリックコメントの機会を待つ必要はない。

法については、これに「服する」というイメージだけで捉えるのは不十分である。国民は、立法に関与していく主体でもなければならない。そうしてこそ、法が広く理解され、納得され、機能するのである。

2　自治体職員が条例を立案する際の留意点

1で述べた考え方を踏まえると、法の執行過程においては統治の一翼を担う自治体職員は、立法の過程においては住民の意思により統制される側であるという意識を持たなければならない。そのような意識が希薄で、自治体職員が条例を立案する主役であるという意識が強いと、住民を統治の客体としか捉えなくなり、住民に理解され、支持されない条例を立案してしまいかねないことに注意する必要がある。

この点、筆者は、条例を立案するときは、執行機関による権力の行使を統制していくという観点からの検討を怠らないように意識してきた。その一つの例は、「京都市不良な生活環境を解消するための支援及び措置に関する条例」である。

近年、「ごみ屋敷」が生活の破綻の一つの現れであり、周囲の生活環境をも悪化させるものとして社会的な関心を集めている。この条例は、これに適切に対応するために制定されたものである。

この条例では、「ごみ屋敷」を包含する形で「不良な生活環境」を「建築物等における物の堆積又は放置、多数の動物の飼育、これらへの給餌又は給水、雑草の繁茂等により、当該建築物等における生活環境又はその周囲の生活環境が衛生上、防災上又は防犯上支障が生じる程度に不良な状態をいう」と定義付け（本条例二条二号）、これに対処することとしている。そして、「疾病、障害その他の理由により不良な生活環境の解消を自ら行うことができない市民であって、その状態を解消するための支援を要するもの」を「要支援者」とし（同条三号）、公権力の行使ではなく、要支援者の同意の下での支援を基本とし、これと公権力の行使とを適切に組み合わせて行うこととしている（本条例一〇条）。

この条例の最も重要な点は、「ごみ屋敷」を生じさせた人に寄り添いながらの支援を基本とすることである。「ごみ屋敷」を生じさせた背景に目をやらず、公権力をもってこれを解消していては、一旦はこれを解消できても、再び元の状態になる可能性が高い。そこで、「要支援者が不良な生活環境を生じさせた背景に地域社会における要支援者の孤立その他の生活上の諸課題があることを踏まえ、これらの解決に資するように行うこと」（本条例三条四号）を基本方針の一つとし、支援を補完するために、公権力を行使するという仕組みにしたのである。

この条例の提案に先立ち、条例案の概要を公表し、パブリックコメントを実施した際、命令、立入調査、過料等の公権力の行使に関する規定を置くと公表していたことから、これらの規定の適用により、かえって「ごみ屋敷」を生じさせた人が地域社会からの孤立を深め、問題を悪化させるのではないかとの批判が数多く寄せられた。こうした批判に応える条項が一〇条の規定である。

○京都市不良な生活環境を解消するための支援及び措置に関する条例（平成二六年一一月一一日条例第二〇号）

第二章　不良な生活環境を解消するための支援

（支援の方法）

第九条　本市は、要支援者の意思に従いつつ、必要に応じて自治組織及び関係する行政機関その他の関係者と協力して、不良な生活環境を解消するための支援を行わなければならない。

2～4　略

（支援の際の留意事項）

第一〇条　要支援者の不良な生活環境を解消するための取組は、この章の規定による支援を基本とし、これと次章の規定による措置とを適切に組み合わせて行われなければならない。

第三章　不良な生活環境を解消するための措置

（以下略）

一〇条は、市長による権力の行使（第三章の規定による措置）を統制し、支援を基本とする旨を明らかにした条項である。このように、「ごみ屋敷」に対する取組の基本的な姿勢を示したことにより、この条例の趣旨が理解され、実効性が高まったといえる。

【余談】郷に入っては郷に従え

同じ日本でも地方によって習慣が異なることがあります。その習慣を知らず、その習慣に従った行動をしていなければ、人に迷惑を掛けかねません。

その一つに、エスカレーターを歩いて上り、又は下りる人のために、その片側を空ける習慣があります。一般社団法人日本エレベーター協会は、エスカレーターの安全基準はステップ上に立ち止まっての利用を前提にしていることから、歩行禁止の呼び掛けをしています。ところが、こうした呼び掛けにもかかわらず、片側空けが定着しているように感じられます。安全性はともかく、片側を空けるのは、急いでいる人にとっては有難いことであり、急いでいない人にとっては気兼ねなくステップ上に立ち止まることができ、双方にとって利点があります。そのため、定着しているのでしょう。

ここで注意しなければならないのは、右側を空けるのか左側を空けるのか、地方によって異なることです。東京では右側を空け、大阪では左側を空けています。地方によって空ける側が異なることを知らない人が誤って反対側に立ち止まっていると、これを見た人はイライラしてしまいます。本来はステップ上で立ち止まるべきものでもあり、どちらを空けるのが妥当か判断できる問題ではありません。こうした習慣については、その地方で定着している習慣に従うのが無難です。

ちなみに、京都はどちらかと言えば右側を空けていることが多いと感じていますが、大阪からの観光客が多いという影響もあるのか、左側を空けている状況を見ることもあります。そこで筆者は、京都では周りの様子を見て判断するようにしています。

四　「木に縁って魚を求む」

木に登っては魚を捕まえられないように、手段を誤れば目的を達成することができないという意味である。

1　PDCAサイクルの必要性

筆者は、それぞれの地域が住民のニーズに沿い、これに適合した仕組みを住民自治に基づき作り上げられる世の中になればとの思いから、法令の効力が条例に優先するというこれまでの言わば常識的な発想を逆転させ、条例の効力が法令に優先するという「ローカルルール優先の原則」を提唱している（詳しくは、拙著「自治通則法（仮称）制定の提案（一）」自治研究八六巻四号（二〇一〇年）一〇五〜一二四頁、同「自治通則法（仮称）制定の提案（二・完）」自治研究八六巻五号（二〇一〇年）一二四〜一三八頁、同「自治体から見た地方分権改革――自治立法権に焦点を当てて」ジュリスト一四一三号〔二〇一〇年一二月一五日号〕二二〜三〇頁参照）。この原則は、法令に囚われず、地域のルールを自ら考えられるようになることを意味し、より地域に適合した自治を行えることにつながる。そして、必然的に中央集権的で画一化された制度ではなく、一国内で複数の制度が並存することにつながる。

ところが、現在は、自治体が自主的な施策を講じようとしても、規律密度の高い法環境に加え、国から交付される特定財源への依存が大きな障害になっている。自治体が行う施策の多くは、国からＰｌａｎ（法）が与えられ、Ｄｏ（執行）をしているのが実態である。いわゆるＰＤＣＡサイクルのうち、Ｃｈｅｃｋ（執行の評価）やＡｃｔｉｏｎ（執行の改善又は法令を補う形で条例を制定）はあまりなされておらず、国から与えられたＰｌａｎに基づくＤｏに終始しているのである。

しかし、これから求められるのは、まずは、自治体によるＰｌａｎである。自治立法に関して言えば、Ｐｌａｎとして条例を制定して、条例を執行し、条例の執行を評価して、場合によっては条例を改正していくという、ＰＤＣＡのサイクルが求められるのである。

ここでいうＰｌａｎを具体的に述べると、次のようになる。

第一に、問題、課題を発見する。

第二に、目標を掲げる。

第三に、目標を達成させるための手段を考える。例えば、条例の制定という手段を考えるということである。

第四に、制度設計する。制度設計というのは、条例を念頭に述べると、まずは立法形式の選択である。立法形式の選択というのは、そもそも条例化する必要があるのかどうかを検討することである。条例ではなくても、例えば、規則や要綱で十分ではないかと検討するということである。立法形式が選択できたら、次は、立法内容の検討に入り、条文化する。

2　自治体によるＰｌａｎ（自治立法たる条例の制定）の重要性

自治体がＰｌａｎを十分に行うには、法令に拘泥せず、一からルールを考えなければならない。ところが、国が制定した法令にのみ依拠して事務を行ってきたことに慣れてしまっている多くの自治体職員は、自分の頭でルール作りを行うのに慣れていないように思われる。そして、自らの自治体に法令上権限がなければ、お手上げだと考えがちのように思われる。このような場合の対応については、既に第二章四５⑵ア（一〇七頁以下）で、独自条例の制定の実例を紹介しているが、もう一つ事例（ただし、フィクション）を取り上げ、検討を深めたい。

⑴　事例の検討

Ｋ市域内にある二級河川の河川区域内に、河川法に違反してしばしば自動車や原動機付自転車が多数放置されている場所がある。この場所は、観光地として有名な所で、これらが放置されると、まちの貴重な美観を損ねることとなる。県は、これらの違法な放置の取締りに消極的である。そこで、第二章四5(2)イで述べた行政手続法三六条の三の規定（一一二頁に掲載）の活用ではなく、K市が自ら取り締まりたいと考えている。K市が取り締まることは、法的に可能だろうか。

二級河川は、都道府県知事が指定し、管理する（河川法五条・一〇条）。そして、河川区域内の土地を占用したいときは、河川管理者たる都道府県知事の許可を受けなければならない（同法六条・七条・二四条）。この許可を受けずに占用している者に対し、都道府県知事は、同法七五条一項一号の規定に基づき、監督処分を行うことができる。また、監督処分をしようとする場合において、過失がなくて監督処分の名宛人を確知することができないときは、都道府県知事は、監督処分の内容を自ら行うことができる（同条三項）。よって、県が取締りに積極的であれば、K市は県に任せればよい。

ところが、K市の立場から見れば、K市内にあるかけがえのない景観を保全する必要性があると認められるものの、法令の規定上、取り締まる権限を有する県が、その行使に消極的である場合、K市は何もできないのだろうか。

法令の規定により都道府県の事務となっているため、市町村が当該事務を当該法令の規定に基づき行えない場合、市町村としては、独自条例を制定するほかない。よって、独自条例が法令に違反するかどうかが問題となる。

この点についての検討は、第二章三3⑴ア（五〇頁）で言及した徳島市公安条例事件判決で判示された考え方に基づいて行わなければならない。

まず、河川法は、その一条（後掲）を見れば明らかなように、景観の保全を目的とした法律ではない。また、車両の違法駐車の取締りは、河川法に違反する状況の発生の防止にもつながるから、同法の意図する目的と効果を何ら阻害することはない。よって、当該判例が法令に違反しない場合として示した「条例が国の法令と別の目的に基づく規律を意図するものであり、その適用によって国の法令の規定の意図する目的と効果を何ら阻害することがないとき」に該当する。

次に、景観を保全することを目的とした法律として景観法（後掲）があり、同法との関係も検討する必要がある。同法を見ると、同法に基づき規制をするかどうかは自治体の任意であるから、当該判例でいう「両者が同一の目的に出たものであっても、国の法令が必ずしもその規定によって全国的に一律に同一内容の規制を施す趣旨ではなく、それぞれの普通地方公共団体において、その地方の実情に応じて、別段の規制を施すことを容認する趣旨であると解されるとき」に該当する。

よって、市町村が景観法と同じ目的で独自に条例を制定しても、景観法と矛盾抵触するものではなく、違法ではない。したがって、K市は、独自条例を制定し、その条例の条項を根拠に取り締まることができる。

○河川法（昭和三九年七月一〇日法律第一六七号）

（目的）

第一条　この法律は、河川について、洪水、津波、高潮等による災害の発生が防止され、河川が適正に利用され、流水の正常な機能が維持され、及び河川環境の整備と保全がされるようにこれを総合的に管理することにより、国土の保全と開発に寄与し、もつて公共の安全を保持し、かつ、公共の福祉を増進することを目的とする。

（二級河川）

第五条　この法律において「二級河川」とは、前条第一項の政令で指定された水系以外の水系で公共の利害に重要な関係があるものに係る河川で都道府県知事が指定したものをいう。

2〜7　略

（河川区域）

第六条　この法律において「河川区域」とは、次の各号に掲げる区域をいう。

一　河川の流水が継続して存する土地及び地形、草木の生茂の状況その他その状況が河川の流水が継続して存する土地に類する状況を呈している土地（河岸の土地を含み、洪水その他異常な天然現象により一時的に当該状況を呈している土地を除く。）の区域

二　河川管理施設の敷地である土地の区域

三　堤外の土地（政令で定めるこれに類する土地及び政令で定める遊水地を含む。第三項において同

じ。）の区域のうち、第一号に掲げる区域と一体として管理を行う必要があるものとして河川管理者が指定した区域

2〜6　略

（河川管理者）

第七条　この法律において「河川管理者」とは、第九条第一項又は第一〇条第一項若しくは第二項の規定により河川を管理する者をいう。

（二級河川の管理）

第一〇条　二級河川の管理は、当該河川の存する都道府県を統轄する都道府県知事が行なう。

2〜4　略

（土地の占用の許可）

第二四条　河川区域内の土地（河川管理者以外の者がその権原に基づき管理する土地を除く。以下次条において同じ。）を占用しようとする者は、国土交通省令で定めるところにより、河川管理者の許可を受けなければならない。

（河川管理者の監督処分）

第七五条　河川管理者は、次の各号のいずれかに該当する者に対して、この法律若しくはこの法律に基づく政令若しくは都道府県の条例の規定によつて与えた許可、登録若しくは承認を取り消し、変更し、その効力を停止し、その条件を変更し、若しくは新たに条件を付し、又は工事その他の行為の中止、工作

物の改築若しくは除却（第二四条の規定に違反する係留施設に係留されている船舶の除却を含む。）、工事その他の行為若しくは工作物により生じた若しくは生ずべき損害を除去し、若しくは予防するために必要な施設の設置その他の措置をとること若しくは河川を原状に回復することを命ずることができる。

一　この法律若しくはこの法律に基づく政令若しくは都道府県の条例の規定若しくはこれらの規定に基づく処分に違反した者、その者の一般承継人若しくはその者から当該違反に係る工作物（除却を命じた船舶を含む。以下この条において同じ。）若しくは土地を譲り受けた者又は当該違反した者から賃貸借その他により当該違反に係る工作物若しくは土地を使用する権利を取得した者

二～三　略

2　略

3　前二項の規定により必要な措置をとることを命じようとする場合において、過失がなくて当該措置を命ずべき者を確知することができないときは、河川管理者は、当該措置を自ら行い、又はその命じた者若しくは委任した者にこれを行わせることができる。この場合においては、相当の期限を定めて、当該措置を行うべき旨及びその期限までに当該措置を行わないときは、河川管理者又はその命じた者若しくは委任した者が当該措置を行う旨を、あらかじめ公告しなければならない。

4～10　略

○景観法（平成一六年六月一八日法律第一一〇号）

（目的）
第一条　この法律は、我が国の都市、農山漁村等における良好な景観の形成を促進するため、景観計画の策定その他の施策を総合的に講ずることにより、美しく風格のある国土の形成、潤いのある豊かな生活環境の創造及び個性的で活力ある地域社会の実現を図り、もって国民生活の向上並びに国民経済及び地域社会の健全な発展に寄与することを目的とする。

(2)　条例による略式代執行の可否

(1)の事例のように物が放置されると、監督処分の相手方が分からない場合が多い。そうしたことも想定して、河川法では七五条三項の規定が置かれている。いわゆる略式代執行と呼ばれている規定である。このような規定を条例でも置くことができれば、条例による規制も円滑に行える。そこで、このような規定を置くことの可否が問題となる。

行政代執行法一条の規定により、「行政上の義務の履行確保」のための措置を条例で規定することはできない。ここでいう「義務」とは、法律若しくは条例の規定又はこれらの規定に基づく不特定多数の者に対する一般的な処分（例えば、都市計画の決定）により課される義務ではない。特定の相手方に対する法律又は条例の規定に基づく具体的な処分（例えば、命令）により課される義務を意味する（広岡隆「即時執行」雄川一郎ほか編『現代行政法体系第二巻』（有斐閣、一九八四年）二九六～二九七頁参照）。

K市が独自条例において、河川法七五条三項の規定のように、「必要な措置をとることを命じようとする場合において、……」という規定を置けば、命令をする前、すなわち、「行政上の義務」を課していない時点において行政庁が採ることができる措置を定めた規定となる。この規定は、具体的な処分の存在を前提としていないので、行政代執行法一条でいう「行政上の義務の履行確保」に関する規定ではない。「行政上の義務の履行確保」のための措置を定めたものではないので、同法の範疇外である。したがって、このような規定を条例に置くことができる。

○行政代執行法（昭和二三年五月一五日法律第四三号）

第一条　行政上の義務の履行確保に関しては、別に法律で定めるものを除いては、この法律の定めるところによる。

(3)　条例による事務処理の特例との比較検討

以上から、市町村に法令上の権限がないからといって諦めるのは早計である。

ところで、このような事例については、条例による事務処理の特例とその効果を規定した地方自治法二五二条の一七の二の規定に基づき、都道府県の条例により市町村に権限を委譲してもらうという対処法があるのではないかとの考え方もある。

しかし、これでは法令及び都道府県の条例の枠内での執行しかできず（同法二五二条の一七の三第一項）、Ｐｌａｎの検討に当たって当該枠内でしか行えないという制約がある。確かに事案によっては、この手法の採用により問題の解決を図れるケースもあろう。しかし、権限の委譲を受けるかどうかは、都道府県の意思次第であり、市町村に決定権はない。権限を委譲してもらうために、都道府県との協議にかけるコストを考えると、市町村が独自条例で制定した方がよいケースもあるのではないかと考えられる。そして、何よりも、Ｐｌａｎの検討に当たっては、現行の法令に囚われない発想が求められるべきであり、まずは、現場感覚を研ぎ澄まし、問題を解決するためにはどのような対策を講じるのがよいのかを考えるべきである。その結果、現行の法令で容易に対処可能であればそれでもよいが、そうでなければ積極果敢に独自条例の制定を検討すべきである。

○地方自治法（昭和二二年四月一七日法律第六七号）

（条例による事務処理の特例）

第二五二条の一七の二　都道府県は、都道府県知事の権限に属する事務の一部を、条例の定めるところにより、市町村が処理することとすることができる。この場合においては、当該市町村が処理することとされた事務は、当該市町村の長が管理し及び執行するものとする。

2　前項の条例（同項の規定により都道府県の規則に基づく事務を市町村が処理することとする場合で、

同項の条例の定めるところにより、規則に委任して当該事務の範囲を定めるときは、当該規則を含む。以下本節において同じ。）を制定し又は改廃する場合においては、都道府県知事は、あらかじめ、その権限に属する事務の一部を処理し又は処理することとなる市町村の長に協議しなければならない。

3　市町村の長は、その議会の議決を経て、都道府県知事に対し、第一項の規定によりその権限に属する事務の一部を当該市町村が処理することとするよう要請することができる。

4　前項の規定による要請があつたときは、都道府県知事は、速やかに、当該市町村の長と協議しなければならない。

（条例による事務処理の特例の効果）

第二五二条の一七の三　前条第一項の条例の定めるところにより、都道府県知事の権限に属する事務の一部を市町村が処理する場合においては、当該条例の定めるところにより市町村が処理することとされた事務について規定する法令、条例又は規則中都道府県に関する規定は、当該事務の範囲内において、当該市町村に関する規定として当該市町村に適用があるものとする。

2～3　略

以上のとおり、ＰＤＣＡのサイクルを定着させれば、その都度妥当な手段を選択でき、目的を達成することができる。たとえ国からＰｌａｎが提示されても、法律上義務付けられていない限り、そもそもこれの実施が妥当なのかどうかを慎重に見極めたうえで、次のステップに進むべきである。

3　行政指導

行政指導については、行政手続法にその定めがあるものの、同法三条三項の規定（七三頁に掲載）により自治体によるものについては適用除外とされている。そのため、自治体が行う行政指導については、それぞれの自治体の行政手続条例の定めるところによる。ただし、概ね行政手続法に倣って規定されている。例えば、京都市では、その一般原則を京都市行政手続条例三一条で定めている。

○京都市行政手続条例（平成八年八月二二日条例第一五号）

（定義）

第二条　この条例において、次の各号に掲げる用語の意義は、それぞれ当該各号に定めるところによる。

(1)～(5)　略

(6)　行政指導　本市の機関（議会を除く。以下同じ。）がその任務又は所掌事務の範囲内において一定の行政目的を実現するため特定の者に一定の作為又は不作為を求める指導、勧告、助言その他の行為（処分（法令に基づくものを含む。）に該当するものを除く。）で、本市の事務として行うものをいう。

(7)　略

（行政指導の一般原則）

第三一条　行政指導にあっては、行政指導に携わる者は、本市の機関の任務又は所掌事務の範囲を逸脱してはならないこと及び行政指導の内容が相手方の任意の協力によって実現されるものであることに留意しなければならない。

2　行政指導に携わる者は、その相手方が行政指導に従わなかったことを理由として、不利益な取扱いをしてはならない。

かつては、要綱を定め、あたかも義務付けを行っているかのように思わせて、これに従わせようとしたことが多くあった。しかし、実効性を確実に確保しようとするのであれば、行政指導に頼るべきではない。条例により義務付けを行うべきである。

全国の自治体の行政手続条例において行政指導に関する規定が置かれるようになる前に、ある行政指導が、許される限度を超えるものであり、違法な公権力の行使であるといわざるを得ないと判示した有名な最高裁の判例（武蔵野市教育施設負担金事件）がある。平成五年二月一八日最高裁第一小法廷判決（民集四七巻二号五七四頁）であり、次のとおり判示している。

本件当時、被上告人（市）は、事業主に対し、法が認めておらずしかもそれが実施された場合にはマンション建築の目的の達成が事実上不可能となる水道の給水契約の締結の拒否等の制裁措置を背景として、指導要綱を遵守させようとしていたというべきである。被上告人がFに対し指導要綱に基づいて教育施設負担金の納付を求めた行為も、被上告人の担当者が教育施設負担金の減免等の懇請に対し前例がないとして拒絶した態度とあいまって、Fに対し、指導要綱所定の教育施設負担金を納付しなければ、水道の給水契約の締結及び下水道の使用を拒絶されると考えさせるに十分なものであって、マンションを建築しようとする以上右行政指導に従うことを余儀なくさせるものであり、Fに教育施設負担金の納付を事実上強制しようとしたものということができる。指導要綱に基づく行政指導が、武蔵野市民の生活環境をいわゆる乱開発から守ることを目的とするものであり、多くの武蔵野市民の支持を受けていたことなどを考慮しても、右行為は、本来任意に寄付金の納付を求めるべき行政指導の限度を超えるものであり、違法な公権力の行使であるといわざるを得ない。

違法な公権力の行使により損害を与えた場合は、国家賠償法一条一項の規定（六九頁に掲載）に基づき、賠償責任を負わなければならない。右の判例のように行政指導であっても、違法な公権力の行使に当たる場合があることに注意しなければならない。

4 罰則規定

自治体は、地方自治法一四条三項の規定に基づき条例で行政刑罰（行政上の義務の不履行に対して科す刑法上の刑罰をいう）又は過料（行政上の義務の不履行のうち比較的軽微なものに対する制裁として科される罰で秩序罰という）の規定を、同法一五条二項の規定に基づき長の規則で過料の規定を置くことができる。

○地方自治法（昭和二二年四月一七日法律第六七号）

第一四条　1～2　略

3　普通地方公共団体は、法令に特別の定めがあるものを除くほか、その条例中に、条例に違反した者に対し、二年以下の懲役若しくは禁錮、百万円以下の罰金、拘留、科料若しくは没収の刑又は五万円以下の過料を科する旨の規定を設けることができる。

第一五条　略

2　普通地方公共団体の長は、法令に特別の定めがあるものを除くほか、普通地方公共団体の規則中に、規則に違反した者に対し、五万円以下の過料を科する旨の規定を設けることができる。

（督促、滞納処分等）

第二三一条の三　分担金、使用料、加入金、手数料及び過料その他の普通地方公共団体の歳入を納期限までに納付しない者があるときは、普通地方公共団体の長は、期限を指定してこれを督促しなければならない。

2　略

3　普通地方公共団体の長は、分担金、加入金、過料又は法律で定める使用料その他の普通地方公共団体の歳入につき第一項の規定による督促を受けた者が同項の規定により指定された期限までにその納付すべき金額を納付しないときは、当該歳入並びに当該歳入に係る前項の手数料及び延滞金について、地方税の滞納処分の例により処分することができる。この場合におけるこれらの徴収金の先取特権の順位は、国税及び地方税に次ぐものとする。

4～11　略

第二五五条の三　普通地方公共団体の長が過料の処分をしようとする場合においては、過料の処分を受ける者に対し、あらかじめその旨を告知するとともに、弁明の機会を与えなければならない。

自治体は、これらの規定を根拠に、実効性を確保するため、罰則規定（行政刑罰又は過料を科す旨の規定）を置くことがある。ここで注意を要するのは、義務規定の実効性を担保するために、常に罰則規定を置いているわけではないということである。刑罰又は過料は、条例の実効性を担保するための手段の中でも極めて強力なものであることを踏まえ、条例に罰則規定を置くかどうかについて慎重に判断する必要がある。

条例で一定の義務を課す旨の規定を置く場合には、その義務の履行を期待し、強要しているが、その強要の程度は、その義務の内容や性質によって一様ではない。また、義務の内容や性質によっては、刑罰又は過料による強制になじまないものもあり、これらによる強制という手段によるよりも、行政上の措置（行政代執行、強制徴収、許可の取消し、違反の事実の公表など）、啓発など他の手段によって義務の履行を図る方が、その条例の目指す行政目的をよりよく達成できる場合もある。したがって、刑罰又は過料という極めて強力な手段を用いる合理的理由とその実効性については、十分に検討する必要がある。

この点に関し、実際には罰則規定を適用するつもりがないにもかかわらず、当該規定による抑止効果と威嚇効果のみを期待して当該規定を置くことの是非が問題となる。

確かに、罰則規定には、一定の義務の違反があったときには刑罰又は過料が科されると予告することにより、心理的圧迫を加え、義務違反の発生を一般的に予防するという効果があるのは事実である。しかし、条例で罰則規定を置いたところで、どんなに違反事例が多発しても、当該規定を適用しなければ、その結果として、住民の間に、条例に違反しても当該規定が適用されることはないという雰囲気がまん延しかねない。

罰則規定を置こうとするときは、絶対にこの条例上の義務を履行させようという強い意思と、当該規定を置いた以上は、きちんと厳格に適用していける体制がなければならない。そのような意思や体制がないにもかかわらず、安易に罰則規定を置くことは、住民の遵法意識を麻痺させ、条例に対する信頼を失わせ、抑止効果や威嚇効果までもが大きく低下することとなり、まさしく、百害あって一利なしである。

なお、条例又は規則による過料については、自治体の判断でこれを科すかどうかの判断ができる（これに対し、行政刑罰については刑事訴訟法による手続を経て科される）。これは、過料を科すためのコスト（特に、人件費）が自治体にかかることを意味する。あらかじめ告知と弁明の機会の付与が必要なこと（地方自治法二五五条の三）や、五万円以下の過料しか科せないこと（同法一四条三項・一五条二項）、地方税の滞納処分の例により強制徴収できるが（同法二三一条の三第一項・三項）、これに要する費用が過料の額を上回る可能性があることを念頭に、実効性はもちろん、費用対効果の視点も持って、過料の規定を置くべきかどうかを判断すべきである。

最近は、飼い犬の散歩をさせる人が、犬が路上で糞をするのに備え、回収する袋を持参している姿をよく見かけるようになった。しかし、路上に糞をさせて、放置する人もいる。そこで、糞の回収袋の不携帯に対して、罰則規定を置くことの是非について検討してみよう。

(1)　罰則規定を置く合理的理由の有無

糞を放置した場合に適用される可能性がある現行の法律の規定として、軽犯罪法一条二七号がある。この規定によると、公共の利益に反してみだりにごみ、鳥獣の死体その他の汚物又は廃物を棄てた者は、一日以上三〇日未満の拘留又は一〇〇〇円以上一万円未満の科料に処されることになっている。この規定が適用されるには、公共の利益に反するという要件を満たすことが必要である。この規定との均衡を考えた場合、袋の不携帯自体が公共の利益に反するとまではいえないので、袋の不携帯のみをもって罰する合理的理由がない。

なお、「何人も、みだりに廃棄物を捨ててはならない。」との廃棄物の処理及び清掃に関する法律一六条の規定に違反した者は、五年以下の懲役若しくは千万円以下の罰金に処し、又はこれを併科されることがあるが（同法二五条一項一四号）、刑罰の重さから見て、糞の放置でこれが適用されるのは、繰り返し、又は大量に放置したといった極めて悪質なケースに限られると考えられる。

⑵　罰則規定の実効性の有無

袋を携帯しないこと自体で、何か具体的な被害が発生するわけではないが、袋の携帯を義務付けるのは、糞を放置させないための有効な手段である。現に、具体的な被害の発生を防ぐ目的で罰則規定が置かれることもある（例えば、自動車の制限速度違反）。

しかし、先に自宅で排便させてから外出し、外ではさせないよう徹底していて、袋を携帯しない飼い主もいる。このような飼い主に対して罰する理由はない。このような飼い主なのか、糞を放置する可能性がある飼い主なのか、外見では直ちに見分けができない。

また、子供が袋を携帯していない場合、子供に袋を持っていくように親が伝えたにもかかわらず、うっかり子供が忘れた場合もある。このような場合に、子供に対する監督不行届きで罰するほどの悪質性は、親にはない。このような場合と親が故意に子供に袋を持たせなかった場合とを見分けることは、非常に困難である。

以上から、罰則規定を置く合理的理由がなく、その実効性に疑問があるため、罰則規定を置くべきではない。

五　「治に居て乱を忘れず」

世の中が泰平なときにも、世が乱れたときのことを思って、その備えを忘れてはならないという意味である。

1　備えのある事例

(1)　指定管理者制度に関して

公の施設については、条例の定めるところによりその管理を指定管理者に行わせることができる（地方自治法二四四条の二第三項）。そして、指定管理者による管理が適当でないと認めるときは、指定を取り消すことができる（同条一一項）。法律で規定しているのは、ここまでである。指定を取り消した場合の管理の仕方や利用料金の取扱いについては、何ら定めがない。これらの点について定めがなければ、もともとの公の施設の条例が指定管理者を置き、利用料金制を導入することを前提とした規定となっていた場合、指定を取り消した後は超法規的措置を採らなければならなくなる。そうした事態は十分に想定されるため、京都市では、条例で市長が自ら公の施設の管理に係る事務を行うことができる根拠規定を置いた（京都市公の施設の指定管理者の指定の手続等に関する条例一二条）。

○地方自治法（昭和二二年四月一七日法律第六七号）

（公の施設の設置、管理及び廃止）

第二四四条の二　普通地方公共団体は、法律又はこれに基づく政令に特別の定めがあるものを除くほか、公の施設の設置及びその管理に関する事項は、条例でこれを定めなければならない。

2　略

3　普通地方公共団体は、公の施設の設置の目的を効果的に達成するため必要があると認めるときは、条例の定めるところにより、法人その他の団体であつて当該普通地方公共団体が指定するもの（以下本条及び第二四四条の四において「指定管理者」という。）に、当該公の施設の管理を行わせることができる。

4　前項の条例には、指定管理者の指定の手続、指定管理者が行う管理の基準及び業務の範囲その他必要な事項を定めるものとする。

5〜7　略

8　普通地方公共団体は、適当と認めるときは、指定管理者にその管理する公の施設の利用に係る料金（次項において「利用料金」という。）を当該指定管理者の収入として収受させることができる。

9　前項の場合における利用料金は、公益上必要があると認める場合を除くほか、条例の定めるところにより、指定管理者が定めるものとする。この場合において、指定管理者は、あらかじめ当該利用料金について当該普通地方公共団体の承認を受けなければならない。

10　普通地方公共団体の長又は委員会は、指定管理者の管理する公の施設の管理の適正を期するため、指定管理者に対して、当該管理の業務又は経理の状況に関し報告を求め、実地について調査し、又は必要な指示をすることができる。

11　普通地方公共団体は、指定管理者が前項の指示に従わないときその他当該指定管理者による管理を継続することが適当でないと認めるときは、その指定を取り消し、又は期間を定めて管理の業務の全部又は一部の停止を命ずることができる。

○京都市公の施設の指定管理者の指定の手続等に関する条例（平成一六年三月三一日条例第五九号）

（市長等による管理）

第一二条　市長等は、法第二四四条の二第一一項の規定により指定管理者の指定を取り消し、若しくは期間を定めて管理の業務の全部若しくは一部の停止を命じたとき、又は指定管理者が天災その他の事由により管理の業務の全部若しくは一部を行うことが困難となった場合において必要があると認めるときは、他の条例の規定にかかわらず、管理の業務の全部又は一部を自ら行うものとする。

2　市長等は、前項の規定により管理の業務を行うこととし、又は同項の規定により行っている管理の業務を行わないこととするときは、あらかじめ、その旨を告示しなければならない。

3　市長又は公営企業管理者は、第一項の規定により管理の業務を行う公の施設（その利用料金を指定管理者に収受させるものに限る。）の使用について、同項の条例に定める利用料金の額の範囲内において、市長又は公営企業管理者が定める額の使用料を徴収することができる。

4　前項の使用料の還付、減額又は免除については、第一項の条例の利用料金の還付、減額又は免除に関する規定の例による。

このように、法律の規定が十分でない場合もあるので、非常時にどうするかについては、あらかじめ条例で定めるようにすべきである。

⑵　条例による即時執行に関して

「即時強制（即時執行ともいう）とは、相手方私人に対する義務賦課行為を介在させずに行政機関が直接に私人の身体・財産に実力を加えて行政目的の実現をはかる行為（権力的事実行為）をいう」（曽和俊文『行政法総論を学ぶ』（有斐閣、二〇一四年）四〇一頁）。そして、「いきなり国民の身体・財産に実力を加えるという点において、即時強制は、行政主体の側にとってみれば極めて強力な手段であり、それだけに相手方たる私人にとっては重大な不利益をもたらす可能性を持つものと言えるから、伝統的な『法律による行政の原理』を基軸とする行政法理論の下では、この手段を執り得るのは、極めて制限された、例外的な場合でなければならない」とされている（藤田宙靖『行政法総論』（青林書院、二〇一三年）三一九〜三二〇頁）。

これに対し、塩野宏教授は、「即時執行とは、相手方に義務を課すことなく行政機関が直接に実力を行使して、もって、行政目的の実現を図る制度をい」い（塩野宏「行政法Ⅰ〔第六版〕行政法総論」（有斐閣、二〇一五年）二七七頁）、「即時執行の『即時』は、時間的切迫性よりは、相手方の義務を介在させないという意味に理解すべきである」とされる（塩野前掲書二七八頁）。

屋外広告物法七条四項の規定のように、時間的切迫性が求められていない規定がある。同項の規定による措置のように、法益の侵害の程度が著しく小さく、又は皆無といえる軽微な措置についても時間的切迫性が求められると、そもそも時間的切迫性がある場面を想定できないため即時執行を行えず、違法状態を放置せざるを得なくなる。このような事態は決して望ましいことではない。

○屋外広告物法（昭和二四年六月三日法律第一八九号）

（違反に対する措置）
第七条　1〜3　略
4　都道府県知事は、第三条から第五条までの規定に基づく条例（以下この項において「条例」という。）に違反した広告物又は掲出物件が、はり紙、はり札等（中略）、広告旗（中略）又は立看板等（中略）であるときは、その違反に係るはり紙、はり札等、広告旗又は立看板等を自ら除却し、又はその命じた者若しくは委任した者に除却させることができる。ただし、はり紙にあつては第一号に、はり札等、広告旗又は立看板等にあつては次の各号のいずれにも該当する場合に限る。
一　条例で定める都道府県知事の許可を受けなければならない場合に明らかに該当すると認められるにもかかわらずその許可を受けないで表示され又は設置されているとき、条例に適用を除外する規定が定められている場合にあつては当該規定に明らかに該当しないと認められるにもかかわらず禁止された場所に表示され又は設置されているとき、その他条例に明らかに違反して表示され又は設置されていると認められるとき。
二　管理されずに放置されていることが明らかなとき。

京都市では、以上のような即時執行に関する様々な考え方を踏まえ、次のとおり空き家対策とごみ屋敷対策で、「緊急安全措置」と「軽微な措置」という二種類の即時執行の規定を条例に置いている。後者の対策では、ごみ屋敷の住人への支援の一環として行う場合に有用である。

なお、即時執行は、具体的な処分の存在を前提としていないので、行政代執行法一条でいう「行政上の義務の履行確保」に関する規定ではない。したがって、四2(2)（一九六頁）で述べた略式代執行と同様に、即時執行の規定を条例に置くことができる。

○京都市空き家等の活用、適正管理等に関する条例（平成二五年一二月二四日条例第八〇号）

（緊急安全措置）

第一九条　市長は、特定空き家等の管理不全状態に起因して、人の生命、身体又は財産に危害が及ぶことを避けるため緊急の必要があると認めるときは、当該特定空き家等の所有者等の負担において、これを避けるために必要最小限の措置を自ら行い、又はその命じた者若しくは委任した者に行わせることができる。

2〜3　略

（軽微な措置）

第二〇条　前条（第二項を除く。）の規定は、市長が特定空き家等について、開放されている窓の閉鎖、草刈りその他の別に定める軽微な措置を採ることにより地域における防災上、防犯上又は生活環境若しくは景観の保全上の支障を除去し、又は軽減することができると認めるときについて準用する。

○京都市不良な生活環境を解消するための支援及び措置に関する条例（平成二六年一一月一一日条例第二〇号）

（緊急安全措置）

第一三条　市長は、不良な生活環境に起因して、人の生命、身体又は財産に危害が及ぶことを避けるため緊急の必要があると認めるときは、これを避けるために必要最小限の措置を自ら行い、又はその命じた者若しくは委任した者に行わせることができる。

2～6　略

（軽微な措置）

第一四条　前条の規定は、市長が不良な生活環境にある建築物等について、堆積している物の撤去、動物の収容、草刈りその他の別に定める軽微な措置を採ることによりその状態を解消し、又は改善することができると認めるときについて準用する。

後者の条例一四条において準用する一三条一項は、一見したところ、「これを避けるために必要最小限の措置」を行うと読み替えるようにも読めるが、そうではなく、次のとおりである（前者の条例の場合の読替えも同様）。

「市長は、不良な生活環境にある建築物等について、堆積している物の撤去、動物の収容、草刈りその他の別に定める軽微な措置を採ることによりその状態を解消し、又は改善することができると認めるときは、当該措置を自ら行い、又はその命じた者若しくは委任した者に行わせることができる。」

このように、「必要最小限の措置」と読み替えるのではないので、必ずしも必要最小限の措置でなくてもいいということになる。

例えば、雑草が繁茂している場合、必要最小限の措置であれば近所迷惑にならない程度までの草刈りとなり「改善」（応急措置）にとどまるが、雑草を全て刈り取り、根まで抜くと必要最小限を超え、「解消」となる。

また、講じることができる措置は軽微なものであるが、措置を講じるかどうかについては、緊急安全措置よりも抑制的にする必要がない。実質的には執行の相手方への支援の一環に相当するのであれば、積極的に講じることが可能である。

ごみ屋敷対策では、即時執行により公益の実現を図ることができ、場合によっては執行の相手方も利益を得ることがある。また、ごみがなくなるのであるから、即時執行により失われる当該相手方の利益は小さい、又は皆無に等しい。よって、比例原則に適合する（即時執行により得られる利益が、それによって失われる利益に対して下回らない）。

執行の相手方の中には、セルフネグレクト（自己放任）や障害、病気など、心身の問題が原因となって生活が破綻しているケースがあり、そうした場合は、状況が著しく悪化する前に、当該相手方に義務を課すことなく、いわば「おせっかい」で即時執行を行うことは、形式的には公権力の行使であるが、実質的には当該相手方への支援の一環に相当するものであり、「ごみ屋敷」の背景にある生活上の諸課題の解決にも資するといえる。

空き家対策でもごみ屋敷対策でも共通して起こりうる問題がある。一（一七一頁）で取り上げた「**法律は不能事を強いない**」という法格言からも言えることだが、義務を履行すべき者が事理を弁識する能力を欠く常況にあるとき、その者に命令しても、その者はその命令を受領できず、命令の効力を発生させられない。重い認知症の人や知的障害の人の場合、これに当たるといえる（北村喜宣「政策法務のかんどころ24　成年後見制度と空家法　行政処分と名宛人の意思能力」自治実務セミナー二〇一六年一〇月号三三頁参照）。このような場合に、義務を課すことを前提としない即時執行は有用である。

⑶　契約に関して

非常時に備えた対応は、条例に限らない。契約についてもいえる。例えば、近年多くの自治体で採用されているネーミングライツ（命名権）に係る契約では、一〇年以上の長期にわたり権利を付与することがある。権利の対価を全額収入した後、何らかの理由で中途で解約又は解除をする状況になった場合、その対価の取扱いをどうするのかについての取決めがないと、争いになりかねない。例えば、自治体側の一方的な都合又は自治体側の過失によるものでない限り、中途で契約が終了しても返金する義務はないという条項を入れておくことは、必要な備えといえよう。

2　備えのなかった事例

法的な備えがなかったため、裁判で争われた有名な事件がある。漁港管理者である町が漁港水域内の不法設置に係るヨット係留杭を強制的に撤去する費用を支出したことが違法かどうかが争われた住民訴訟である。この事件では、自治体の公金の支出自体に違法性はないとされたが、ヨットの不法係留に対する備えが不十分であったために裁判で争われることとなってしまったものである。

一九九一年（平成三年）三月八日、最高裁第二小法廷は、次のとおり判決を言い渡し、原審の判決を取り消し、原告の請求を棄却した（民集四五巻三号一六四頁）。

上告人がA漁港の管理者たる同町の町長として本件鉄杭撤去を強行したことは、漁港法の規定に違反しており、これにつき行政代執行法に基づく代執行としての適法性を肯定する余地はない。

（中略）

原審の認定するところによれば、A漁港の区域内のB川水域においては、昭和五二年ころからヨット等の不法係留により航行船舶の接触、破損等の事故が既に発生していたのであって、本件鉄杭の不法設置により、その設置水域においては、船舶の航行可能な水路は、水深の浅い左岸側だけとなり、特に夜間、干潮時に航行する船舶にとって極めて危険な状況にあったところ、右状況を知っていた葛南土木においては、C町の同五五年六月四日及び五日の二度にわたる早急撤去方の要請にもかかわらず、同月八日以前の撤去はできないとしていたのであり、他方、本件鉄杭の打設者であるDクラブのEにおいても、葛南土木の同月四日の口頭による、また同月五日の文書による至急撤去の指示にもかかわらず、撤去しようとしなかったのみならず、同月七日及び八日の両日にわたりEの指示により約七〇隻のヨットが本件鉄杭に係留されようとしていたというのである。

C町は、A漁港の区域内の水域における障害を除去してその利用を確保し、さらに地方公共の秩序を維持し、住民及び滞在者の安全を保持する（地方自治法二条三項一号参照）という任務を負っているところ、同町の町長として右事務を処理すべき責任を有する上告人は、右のような状況下において、船舶航行の安全を図り、住民の危難を防止するため、その存置の許されないことが明白であって、撤去の強行によってもその財産的価値がほとんど損なわれないものと解される本件鉄杭をその責任において強行的に撤去したものであり、本件鉄杭撤去が強行されなかったとすれば、千葉県知事による除却が同月九日以降になされたとしても、それまでの間に本件鉄杭による航行船舶の事故及びそれによる住民の危難が生じないとは必ずしも保障し難い状況にあったこと、その事故及び危難が生じた場合の不都合、損失を考慮すれば、むしろ上告人の本件鉄杭撤去の強行はやむを得ない適切な措置であったと評価すべきである（原審が民法七二〇条の規定が適用されない理由として指摘する諸般の事情は、航行船舶の安全及び住民の急迫の危難の防止のため本件鉄杭撤去がやむを得なかったものであることの認定を妨げるものとはいえない。）。

そうすると、上告人がC町の町長として本件鉄杭撤去を強行したことは、漁港法及び行政代執行法上適法と認めることのできないものであるが、右の緊急の事態に対処するためにとられたやむを得ない措置であり、民法七二〇条の法意に照らしても、C町としては、上告人が右撤去に直接要した費用を同町の経費として支出したことを容認すべきものであって、本件請負契約に基づく公金支出については、その違法性を肯認することはできず、上告人がF市に対し損害賠償責任を負うものとすることはできないといわなければならない。

注1　「地方自治法二条三項一号」は、現在では削除されている。
2　C町は、本件鉄杭撤去の後、市制を施行してF市になった。

このように、法律上又は条例上の直接の根拠規定がなければ、紛争の原因となりやすい。そこで、法律上の根拠がなければ、条例にその根拠を置くことを積極的に検討すべきである。例えば、筆者が訪れた東日本大震災の被災地の一つである某市では、がれきの仮置き場に困り、やむを得ず民有地に置いていたところ、地権者からクレームがあったそうである。震災直後であればともかく、震災後一定の時間を経過すると、もはや緊急避難とすることは難しい。そのため、法律上の根拠なく民有地にがれきを置いていたとしか評価できない。このような場合を想定して、震災後一定期間民有地にがれきを置ける旨の根拠規定を置いた条例を制定すれば、適法に対応できる。

3　リスク管理の重要性

⑴　リスクの分類

こうした影響の大きい事案に限らず、日々の業務においても様々なリスクを想定して、これに適切に対処していく必要がある。総務省は、二〇一五年（平成二七年）七月二八日に開催された第三一次地方制度調査会第二一回専門小委員会（参考資料一）内部統制関連資料一七頁において、**図表4**のとおりリスクを分類している。

適切なリスク管理を怠ると、どれも重大な不祥事に発展するおそれがあるものばかりである。大きな不祥事になって、その時には十分に反省しても、**「喉元過ぎれば熱さを忘れる」**ということわざのとおり、時間の経過とともに、その不祥事が忘れ去られ、同じ過ちを繰り返しがちである。そのようなことのないようにするには、リスクがあるという知識とともに、こうしたリスクを回避しようという強い意識とリスクの回避を確実なものとする不断の取組が欠かせない。

⑵　内部統制体制の整備及び運用

第三一次地方制度調査会は、二〇一六年（平成二八年）三月一六日に行った「人口減少社会に的確に対応する地方行政体制及びガバナンスのあり方に関する答申」において、「地方公共団体における事務が適切に実施され、住民の福祉の増進を図ることを基本とする組織目的が達成されるよう、事務を執行する主体である長自らが、行政サービスの提供等の事務上のリスクを評価及びコントロールし、事務の適正な執行を確保する体制（以下「内部統制体制」という。）を整備及び運用すること」を求めた。そして、内部統制の対象となるリスクを的確に設定することが重要であるとし、財務に関する事務の執行におけるリスクの影響度が大きく発生頻度も高いこと等から、当該リスクを最低限評価するリスクとすべきとしている。また、「非定型業務への対応が困難な場合もある等、一定の限界があることにも留意し、内部統制への過大な期待により、コストと効果が見合わない過度な内部統制体制の整備につながらないようにすべきである。」と、内部統制の制度化に当たっての留意点も述べている。

この答申内容は、総務省に置かれた「地方公共団体における内部統制の整備・運用に関する検討会」が二〇一四年（平成二六年）三月に出した「地方公共団体における内部統制制度の導入に関する報告書」の内容を反映したものである。この報告書では、制度が複雑化してきていることや、職員一人当たりの業務負担が増加していっていることなどを挙げ、地方公共団体の事務の不適正な処理のリスクが拡大する傾向にあると指摘している。そして、「内部統制体制が有効に機能すれば、各職員の事務執行のプロセスや役割分担が可視化されることとなり、非効率な事務作業が減少するとともに、これまで暗黙のうちに行われる可能性のあった不適正な事務処理から解放されることにつながると同時に、職員が言うべきことは言い、安心して職務を遂行できる組織文化を形成することができる」と指摘している。

二〇一七年（平成二九年）六月九日、地方制度調査会の答申を踏まえた地方自治法等の一部を改正する法律（法律第五四号）が公布され、地方自治法に内部統制に関する規定が盛り込まれた。内部統制に

図表４　地方公共団体において生じる可能性のあるリスク（例）

【財務会計行為に関するリスク】

①不適正な財産の取得・管理・処分が行われるリスク

（例）
・備品等を必要な手続を経ずに持ち帰る。
・不十分な検収により，仕様を満たさない物品の納入を受け入れる。
・危険が生じている公共施設の供用を継続し，事故が生じる。

②不適正な現金の出納・保管が行われるリスク

（例）
・保管する現金を横領する。
・現金を亡失する。

③不適正な収入・支出が行われるリスク

（例）
・不適切な内容の契約を締結する。
・計算誤りにより徴収額の誤りが生じる。
・不正請求を見過ごし，誤った給付をする。

④不適正な決算が行われるリスク

（例）
・財務会計システムへのデータ入力を誤る。
・収入金の処理を忘れる。

【情報管理に関するリスク】

⑤不適正な情報管理が行われるリスク

（例）
・内部機密情報を部外者に漏えいする。
・個人情報が格納された電子記憶媒体を紛失する。
・本人確認不十分により個人情報の記載された証明書を別人に交付する。
・コンピュータウィルスに感染する。

【①～⑤以外の事務に関するリスク】

⑥不適正な事務（上記①～⑤を除く。）が行われるリスク

（例）
・事務遂行上必要な決裁を経ずに事務を進める。
・法令等の理解不足により，申請行為に対して誤った許可処分を行う。
・公文書を誤廃棄する。

⑦処理すべき事務（上記①～⑤を除く。）を行わないリスク

（例）
・申請に対する審査を放置する。
・引継ぎが不十分等で行うべき調査が長期間行われなかった。

【その他のリスク】

⑧職務環境の適正さが損なわれるリスク

（例）
・職員がパワハラ・セクハラを行う。

⑨職員が公務外で法令に違反する行為をするリスク

（例）
・職員が公務外で飲酒運転をして検挙される。

⑩外部からの攻撃等を受けるリスク

（例）
・システムが不正アクセスを受ける。
・庁舎の損壊を受ける等

関する方針を定め、これに基づき必要な体制を整備するとともに、毎年度、内部統制評価報告書を作成し、議会に提出することが都道府県知事と指定都市の市長に義務付けられた（この法律の施行日は、二〇二〇年四月一日）。その他の市町村長については、努力義務にとどまっているが、可能な限り同様の取組が求められているといえよう。

(3)　知的財産権

「知的財産権」とは、知的な創作活動によって何かを創り出した人に対して付与される、「他人に無断で利用されない」といった権利である（文化庁のウェブページ〔http://www.bunka.go.jp/seisaku/chosakuken/seidokaisetsu/chitekizaisanken.html〕）。

特に、著作権の関係は、無頓着になりがちである。著作権者の利用の許諾がない限り、著作物を利用することができない（著作権法六三条一項・二項）。その例外の一つとして、公表された著作物は、出所の明示を条件に、引用して利用することができる（同法三二条一項・四八条一項三号）。

著作権を侵害すると、損害賠償請求されるおそれがあるので（同法一一四条三項）、要注意である。例えば、インターネット上のイラストの画像を利用して自治体のウェブサイトを作成して公開したところ、無断で利用したとして、損害賠償請求されたという事例がある。インターネットでは、誰もが自由に閲覧できるので、著作権者の目に留まりやすい。したがって、著作権者の許諾なしに利用するという安易な行為は、厳に慎むべきである。

○著作権法（昭和四五年五月六日法律第四八号）

（定義）

第二条　この法律において、次の各号に掲げる用語の意義は、当該各号に定めるところによる。

一　著作物　思想又は感情を創作的に表現したものであつて、文芸、学術、美術又は音楽の範囲に属するものをいう。

二　著作者　著作物を創作する者をいう。

三〜二三　略

2〜9　略

（引用）

第三二条　公表された著作物は、引用して利用することができる。この場合において、その引用は、公正な慣行に合致するものであり、かつ、報道、批評、研究その他の引用の目的上正当な範囲内で行なわれるものでなければならない。

2　国若しくは地方公共団体の機関、独立行政法人又は地方独立行政法人が一般に周知させることを目的として作成し、その著作の名義の下に公表する広報資料、調査統計資料、報告書その他これらに類する著作物は、説明の材料として新聞紙、雑誌その他の刊行物に転載することができる。ただし、これを禁止する旨の表示がある場合は、この限りでない。

（出所の明示）

第四八条　次の各号に掲げる場合には、当該各号に規定する著作物の出所を、その複製又は利用の態様に応じ合理的と認められる方法及び程度により、明示しなければならない。

一　第三二条、第三三条第一項（同条第四項において準用する場合を含む。）、第三三条の二第一項、第三七条第一項、第四二条又は第四七条の規定により著作物を複製する場合

二　略

三　第三二条の規定により著作物を複製以外の方法により利用する場合又は第三五条、第三六条第一項、第三八条第一項、第四一条若しくは第四六条の規定により著作物を利用する場合において、その出所を明示する慣行があるとき。

2　前項の出所の明示に当たつては、これに伴い著作者名が明らかになる場合及び当該著作物が無名のものである場合を除き、当該著作物につき表示されている著作者名を示さなければならない。

3　略

（著作物の利用の許諾）

第六三条　著作権者は、他人に対し、その著作物の利用を許諾することができる。

2　前項の許諾を得た者は、その許諾に係る利用方法及び条件の範囲内において、その許諾に係る著作物を利用することができる。

3～5　略

（損害の額の推定等）

第一一四条 1〜2 略
3 著作権者、出版権者又は著作隣接権者は、故意又は過失によりその著作権、出版権又は著作隣接権を侵害した者に対し、その著作権、出版権又は著作隣接権の行使につき受けるべき金銭の額に相当する額を自己が受けた損害の額として、その賠償を請求することができる。
4 略

また、一九八〇年（昭和五五年）三月二八日の最高裁第三小法廷判決（民集三四巻三号二四四頁）が次のとおり引用の意義を述べており、留意が必要である。

引用とは、紹介、参照、論評その他の目的で自己の著作物中に他人の著作物の原則として一部を採録することをいうと解するのが相当であるから、右引用にあたるというためには、引用を含む著作物の表現形式上、引用して利用する側の著作物と、引用されて利用される側の著作物とを明瞭に区別して認識することができ、かつ、右両著作物の間に前者が主、後者が従の関係があると認められる場合でなければならないというべきで（中略）ある。

このような基本を押さえておくだけでも、かなりの程度トラブルを防止できる。

文化庁は、毎年全国各地で「著作権セミナー」という研修を開催している。一度はこれを受講し、基礎知識を身に着けておくべきである。

【余談】採長補短

文字通り、人のよい長所を採り入れて、自分の短所を補うという意味です。例規の制定改廃でいえば、他の自治体の例規の優れたところを採り入れ、自分が所属する自治体の例規の不備を是正するということになります。この点、例規の規定に現行の法律や条例の文言をコピーすることは、著作権法一三条一号の規定により違法ではありません（同号の「法令」には「例規」も含まれていると解されています）。

○著作権法（昭和四五年五月六日法律第四八号）

（権利の目的とならない著作物）

第一三条　次の各号のいずれかに該当する著作物は、この章の規定による権利の目的となることができない。

一　憲法その他の法令

二～四　略

違法ではないからといって、闇雲に他の自治体の例規の文言をそのまま使用するのは控えるべきです。しかし、優れた例規は大いに参考すべきであり、そのまま使用しても差し支えないと判断できれば、躊躇する必要はありません。これについては、「条例のベンチマーキング」（「他の自治体で最も優れた条例のシステムを、自己の自治体の現状と継続的に比較分析して、自己の条例の制度設計・運用に活かすこと」をいいます。〔木佐茂男編著『自治立法の理論と手法』（ぎょうせい、一九九八年）二〇四頁（田中孝男）、詳しくは、田中孝男『政策法学ライブラリイ4　条例づくりへの挑戦』（信山社、二〇〇二年）参照〕）という考え方に基づき、実践すべきです。

(4)　契　約

ア　契約の相手方の決め方　自治体においては、公権力の行使だけでなく、相手と対等な立場に立って契約を締結することも日常的にある。

とはいえ、私的自治の原則に基づき、相手方を自由に選べるわけではない。「最少の経費で最大の効果を挙げる」（地方自治法二条一四項。地方財政法四条一項も同旨〔七八頁に掲載〕）義務があるから、一般競争入札によることが原則とされている（地方自治法二三四条一項・二項）。

○地方自治法（昭和二二年四月一七日法律第六七号）

（契約の締結）
第二三四条　売買、貸借、請負その他の契約は、一般競争入札、指名競争入札、随意契約又はせり売りの方法により締結するものとする。
2　前項の指名競争入札、随意契約又はせり売りは、政令で定める場合に該当するときに限り、これによることができる。
3～6　略

○地方自治法施行令（昭和二二年五月三日政令第一六号）
（指名競争入札）
第一六七条　地方自治法第二三四条第二項の規定により指名競争入札によることができる場合は、次の各号に掲げる場合とする。
一　工事又は製造の請負、物件の売買その他の契約でその性質又は目的が一般競争入札に適しないものをするとき。
二　その性質又は目的により競争に加わるべき者の数が一般競争入札に付する必要がないと認められる程度に少数である契約をするとき。
三　一般競争入札に付することが不利と認められるとき。
（随意契約）

第一六七条の二　地方自治法第二三四条第二項の規定により随意契約によることができる場合は、次に掲げる場合とする。

一　売買、貸借、請負その他の契約でその予定価格（貸借の契約にあつては、予定賃貸借料の年額又は総額）が別表第五上欄に掲げる契約の種類に応じ同表下欄に定める額の範囲内において普通地方公共団体の規則で定める額を超えないものをするとき。

二　不動産の買入れ又は借入れ、普通地方公共団体が必要とする物品の製造、修理、加工又は納入に使用させるため必要な物品の売払いその他の契約でその性質又は目的が競争入札に適しないものをするとき。

三～九　略

2～4　略

この点に関して、しばしば問題となるのは、地方自治法施行令一六七条の二第一項二号の適用の可否である。これについては、昭和六二年三月二〇日最高裁第二小法廷判決（民集四一巻二号一八九頁）が、次のとおり判示している。

地方自治法（以下「法」という。）二三四条一項は「売買、貸借、請負その他の契約は、一般競争入札、指名競争入札、随意契約又はせり売りの方法により締結するものとする。」とし、同条二項は「前項の指名競争入札、随意契約又はせり売りは、政令で定める場合に該当するときに限り、これによることができる。」としているが、これは、法が、普通地方公共団体の締結する契約については、機会均等の理念に最も適合して公正であり、かつ、価格の有利性を確保し得るという観点から、一般競争入札の方法によるべきことを原則とし、それ以外の方法を例外的なものとして位置づけているものと解することができる。そして、そのような例外的な方法の一つである随意契約によるときは、手続が簡略で経費の負担が少なくてすみ、しかも、契約の目的、内容に照らしそれに相応する資力、信用、技術、経験等を有する相手方を選定できるという長所がある反面、契約の相手方が固定化し、契約の締結が情実に左右されるなど公正を妨げる事態を生じるおそれがあるという短所も指摘され得ることから、令一六七条の二第一項は前記法の趣旨を受けて同項に掲げる一定の場合に限定して随意契約の方法による契約の締結を許容することとしたものと解することができる。ところで、同項一号に掲げる「その性質又は目的が競争入札に適しないものをするとき」とは、原判決の判示するとおり、不動産の買入れ又は借入れに関する契約のように当該契約の目的物の性質から契約の相手方がおのずから特定の者に限定されてしまう場合や契約の締結を秘密にすることが当該契約の目的を達成する上で必要とされる場合など当該契約の性質又は目的に照らして競争入札の方法による契約の締結が不可能又は著しく困難というべき場合がこれに該当することは疑いがないが、必ずしもこのような場合に限定されるものではなく、競争入札の方法によること自体が不可能又は著しく困難とはいえないが、不特定多数の者の参加を求め競争原理に基づいて契約の相手方を決定することが必ずしも適当ではなく、当該契約自体では多少とも価格の有利性を犠牲にする結果になるとしても、普通地方公共団体において当該契約の目的、内容に照らしそれに相応する資力、信用、技術、経験等を有する相手方を選定しその者との間で契約の締結をするという方法をとるのが当該契約の性質に照らし又はその目的を究極的に達成する上でより妥当であり、ひいては当該普通地方公共団体の利益の増進につながると合理的に判断される場合も同項一号に掲げる場合に該当するものと解すべきである。そして、右のような場合に該当するか否かは、契約の公正及び価格の有利性を図ることを目的として普通地方公共団体の契約締結の方法に制限を加えている前記法及び令の趣旨を勘案し、個々具体的な契約ごとに、当該契約の種類、内容、性質、目的等諸般の事情を考慮して当該普通地方公共団体の契約担当者の合理的な裁量判断により決定されるべきものと解するのが相当である。

注　右の判決でいう「同項一号」は、昭和四九年政令第二〇二号による改正前の地方自治法施行令一六七条の二第一項一号のことを指し、当時は「その性質又は目的が競争入札に適しないものをするとき」と規定されていた。これは、現行の地方自治法施行令一六七条の二第一項二号である。

右の判決の最後の文を見ると、担当者の裁量の幅がかなり広いようにも読める。現にこの判決では、随意契約の方法により契約を締結したことに違法はないとされた。

これに対し、京都市における事件で、違法とされたものがある（平成一六年一二月九日大阪高裁判決（裁判所ウェブサイト掲載判例））。ただし、市長が随意契約の締結を阻止すべき指揮監督上の義務に違反し、故意又は過失によりこれを阻止しなかったものということはできないとして、市長に対する損害賠償請求は棄却）。京都市が公共土木事業用地の取得に伴う登記、測量及び調査の業務について土地家屋調査士の団体、司法書士の団体及び測量業者（測量士）の団体の三団体との間で委託契約を締結したが、これらの契約は、あらかじめ一定期間の業務を包括してそれぞれの団体内部での各業務担当者の選定も含めて一括して委託する形態の随意契約としてされた。この随意契約について、「本件各委託契約は、公共土木事業の用地取得に伴う用地測量、登記、権利関係の調査等の業務を目的とするものであり、これらの業務については、平成七年度までは、市でも他の地方公共団体と同様、個々の事業ごとに競争入札を実施して測量業者との間で個別に委託契約が締結されてきたものであるというのであるから、これらの業務の委託契約を締結するに当たり、不特定多数の者の参加を求めて競争原理に基づいて契約の相手方を決定することが必ずしも適当ではないというような事情は見当たら」ず、「随意契約により本件各委託契約を締結したことには、裁量権の逸脱、濫用がある」として、違法とされたものである。

このような事例もあるから、安易に随意契約とすることは厳に慎み、慎重にその採否を判断すべきである。

イ　契約の相手方の資格　近年しばしば問題となっているのは、入札の参加資格を地元の業者に限定することである。

この論点については、村が発注する公共工事の指名競争入札に、長年指名を受けて継続的に参加していた建設業者を平成一二年度以降全く指名せず入札に参加させなかった村の措置について、その業者が村外業者に当たることを理由に違法とはいえないとした原審の判断に違法があるとした平成一八年一〇月二六日最高裁第一小法廷判決（判例時報一九五三号一二二頁）がある。同判決は、左記の公共工事の入札及び契約の適正化の促進に関する法律及び公共工事の入札及び契約の適正化の促進に関する法律施行令に言及し、「〔村内業者で対応できる工事の指名競争入札では村内業者のみを指名するという実際の運用基準が定められておらず、しかも、村内業者の要件をどのように判定するのかに関する客観的で具体的な基準も明らかにされていなかったなどの事情の下においては〕村内業者で対応できる工事はすべて指名競争入札とした上で、村内業者か否かの判断を適当に行うなどの方法を採ることにより、し意的運用が可能となるものであって、公共工事の入札及び契約の適正化の促進に関する法律の定める公表義務に反し、同法及び地方自治法の趣旨にも反するものといわざるを得ない。」としたうえで、「主たる営業所が村内にないなどの事情から形式的に村外業者に当たると判断し、そのことのみを理由として、他の条件いかんにかかわらず、およそ一切の工事につき平成一二年度以降全く上告人を指名せず指名競争入札に参加させない措置を採ったとすれば、それは、考慮すべき事項を十分考慮することなく、一つの考慮要素にとどまる村外業者であることのみを重視している点において、極めて不合理であり、社会通念上著しく妥当性を欠くものといわざるを得ず、そのような措置に裁量権の逸脱又は濫用があったとまではいえないと判断することはできない。」と述べ、原審に差し戻した。

○公共工事の入札及び契約の適正化の促進に関する法律（平成一二年一一月二七日法律第一二七号）

（公共工事の入札及び契約の適正化の基本となるべき事項）

第三条　公共工事の入札及び契約については、次に掲げるところにより、その適正化が図られなければならない。

一　入札及び契約の過程並びに契約の内容の透明性が確保されること。

二　入札に参加しようとし、又は契約の相手方になろうとする者の間の公正な競争が促進されること。

三　入札及び契約からの談合その他の不正行為の排除が徹底されること。

四　その請負代金の額によっては公共工事の適正な施工が通常見込まれない契約の締結が防止されること。

五　契約された公共工事の適正な施工が確保されること。

第八条　地方公共団体の長は、政令で定めるところにより、次に掲げる事項を公表しなければならない。

一　入札者の商号又は名称及び入札金額、落札者の商号又は名称及び落札金額、入札の参加者の資格を定めた場合における当該資格、指名競争入札における指名した者の商号又は名称その他の政令で定める公共工事の入札及び契約の過程に関する事項

二　略

○公共工事の入札及び契約の適正化の促進に関する法律施行令（平成一三年二月一五日政令第三四号）

（地方公共団体による入札及び契約の過程並びに契約の内容に関する事項の公表）
第七条　地方公共団体の長は、次に掲げる事項を定め、又は作成したときは、遅滞なく、当該事項を公表しなければならない。これを変更したときも、同様とする。
一　地方自治法施行令（昭和二二年政令第一六号。以下「自治令」という。）第一六七条の五第一項に規定する一般競争入札に参加する者に必要な資格及び当該資格を有する者の名簿
二　自治令第一六七条の一一第二項に規定する指名競争入札に参加する者に必要な資格及び当該資格を有する者の名簿
三　略
2～6　略

○地方自治法施行令（昭和二二年五月三日政令第一六号）
第一六七条の五　普通地方公共団体の長は、前条に定めるもののほか、必要があるときは、一般競争入札に参加する者に必要な資格として、あらかじめ、契約の種類及び金額に応じ、工事、製造又は販売等の実績、従業員の数、資本の額その他の経営の規模及び状況を要件とする資格を定めることができる。
2　普通地方公共団体の長は、前項の規定により一般競争入札に参加する者に必要な資格を定めたときは、これを公示しなければならない。
第一六七条の五の二　普通地方公共団体の長は、一般競争入札により契約を締結しようとする場合におい

て、契約の性質又は目的により、当該入札を適正かつ合理的に行うため特に必要があると認めるときは、前条第一項の資格を有する者につき、更に、当該入札に参加する者の事業所の所在地又はその者の当該契約に係る工事等についての経験若しくは技術的適性の有無等に関する必要な資格を定め、当該資格を有する者により当該入札を行わせることができる。

（指名競争入札の参加者の資格）

第一六七条の一一　略

2　普通地方公共団体の長は、前項に定めるもののほか、指名競争入札に参加する者に必要な資格として、工事又は製造の請負、物件の買入れその他当該普通地方公共団体の長が定める契約について、あらかじめ、契約の種類及び金額に応じ、第一六七条の五第一項に規定する事項を要件とする資格を定めなければならない。

3　略

右の最高裁判決は指名競争入札が問題となったものだが、その後、一般競争入札について、右に掲げた地方自治法施行令一六七条の五の二の規定に違反するかどうかが問題となった事件がある。

一般競争入札により発注した災害復旧工事に関する入札参加資格として、市との間で災害時における応急復旧に関する協定を締結していることという要件を設け、その後、当該市及びその周辺四市に主たる営業所（本店）があることと変更した要件が問題となったものである。平成二六年七月一〇日水戸地裁判決（判例時報二二四九号二四頁）は、次のとおり判示し、これらの要件について、「当該入札を適正かつ合理的に行うため特に必要がある」ものとは認められず、同条に反するとした。

> 地方公共団体の締結する契約については、原則として一般競争入札の方法によることとされ、指名競争入札等の方法は例外として位置付けられており（法二三四条二項、施行令一六七条ないし同条の三）、また、地方公共団体が支払をする契約に関して競争入札に付される場合、原則として、最低価格入札者が契約の相手方となることとされている。これらの法令の趣旨は、地方公共団体の締結する契約に係る経費が、その住民の税金で賄われること等に鑑み、機会均等、公正性、透明性、経済性（価額の有利性）を確保することにある。
>
> そして、通常の一般競争入札ではなく、制限付一般競争入札を採る場合にも上記の法令の趣旨は妥当するものと解すべきであり、「事業所の所在地」等による制限付一般競争入札が許されるのは、上記の機会均等、公正性、透明性、経済性等の事情を考慮しつつも、なお「当該入札を適正かつ合理的に行うために特に必要」（施行令一六七条の五の二）といえる事情がある場合に限られるというべきである。

先述の最高裁判決においても「確かに、地方公共団体が、指名競争入札に参加させようとする者を指名するに当たり、①工事現場等への距離が近く現場に関する知識等を有していることから契約の確実な履行が期待できることや、②地元の経済の活性化にも寄与することなどを考慮し、地元企業を優先する指名を行うことについては、その合理性を肯定することができるものの、①又は②の観点からは村内業者と同様の条件を満たす村外業者もあり得るのであり、価格の有利性確保（競争性の低下防止）の観点を考慮すれば、考慮すべき他の諸事情にかかわらず、およそ村内業者では対応できない工事以外の工事は村内業者のみを指名するという運用について、常に合理性があり裁量権の範囲内であるということはできない。」と判示しており、「資格制限の設定により経済性や競争性の阻害が予測される場合には、競争制限的でない他の手段がないか十分な検討がなされるべきであり、漫然と資格制限を設定することは許され〔ない〕」（東原良樹「財政法判例研究第四回」地方財務七四八号〔二〇一六年一〇月号〕一九六頁）といえる。

ウ　契約内容の点検　　筆者が最近特に痛感しているのは、契約締結前の契約内容の慎重な検討の必要性である。定型的なものであれば、通常は問題ない。しかし、定型的な内容ではないものにしようとするときは、法制担当の部署の職員又は弁護士等の法律専門家の意見を聴取して、その内容を固めるべきである。

特に、相手方に不履行があった場合の条項の内容がお粗末であると、対応に苦慮することになる。契約の内容どおり履行されていれば問題化しないので、不履行はないだろうと楽観的に考えて検討をなおざりにしがちである。例えば、請負の性質を兼ねた一年間の委託契約において、四半期ごとに委託料を支払うこととなっている場合で受託者が委託した事務を十分に行っていないとき、事務の遂行による成果に応じて支払う旨を明確にしておかないと、受託者からすると単純に四等分した委託料を支払うべきと主張してくることが予想され、紛争になる可能性が高い。

自治体が契約している本数は、膨大な数にのぼるであろう。これを全て点検するのは至難である。しかし、紛争を予防するという観点から、各部署において総点検を行い、少しでも気になる内容があれば、法制担当の部署の職員又は弁護士等の法律専門家に相談することを強く勧める次第である。

(5) 公文書の管理

公文書(電磁的記録を含む)に記載された自治体の活動に関する情報は、原則として住民が取得できるようにすることが、自治体の活動の適法性を担保し、住民の信頼を確保するうえで、必須といえる。また、住民が必要と認めたときに容易に入手できるよう、公文書を適切に管理しておかなければならない。公文書等の管理に関する法律一条の「公文書等が、健全な民主主義の根幹を支える国民共有の知的資源として、主権者である国民が主体的に利用し得るものである」との規定は、そのことを端的に表したものといえる。

○公文書等の管理に関する法律(平成二一年七月一日法律第六六号)

（目的）

第一条　この法律は、国及び独立行政法人等の諸活動や歴史的事実の記録である公文書等が、健全な民主主義の根幹を支える国民共有の知的資源として、主権者である国民が主体的に利用し得るものであることにかんがみ、国民主権の理念にのっとり、公文書等の管理に関する基本的事項を定めること等により、行政文書等の適正な管理、歴史公文書等の適切な保存及び利用等を図り、もって行政が適正かつ効率的に運営されるようにするとともに、国及び独立行政法人等の有するその諸活動を現在及び将来の国民に説明する責務が全うされるようにすることを目的とする。

第四条　行政機関の職員は、第一条の目的の達成に資するため、当該行政機関における経緯も含めた意思決定に至る過程並びに当該行政機関の事務及び事業の実績を合理的に跡付け、又は検証することができるよう、処理に係る事案が軽微なものである場合を除き、次に掲げる事項その他の事項について、文書を作成しなければならない。

一　法令の制定又は改廃及びその経緯

二　前号に定めるもののほか、閣議、関係行政機関の長で構成される会議又は省議（これらに準ずるものを含む。）の決定又は了解及びその経緯

三　複数の行政機関による申合せ又は他の行政機関若しくは地方公共団体に対して示す基準の設定及びその経緯

四　個人又は法人の権利義務の得喪及びその経緯

五　職員の人事に関する事項

（地方公共団体の文書管理）

第三四条　地方公共団体は、この法律の趣旨にのっとり、その保有する文書の適正な管理に関して必要な施策を策定し、及びこれを実施するよう努めなければならない。

同法三四条の規定により、自治体は同法の趣旨にのっとり公文書を適正に管理する努力義務を課されている。これについては、現在のところ、情報公開条例において基本的な事項についての規定を置き、文書管理規則において具体的な事項について規定を置くのが一般的であり、同規則に相当する内容を条例で定めているところは少数である。この点、大阪市は、同法の制定に先立ち、二〇〇六年（平成一八年）に大阪市公文書管理条例を制定しており、条例の目的と公文書の作成に関する規定は、次のようになっている。

○大阪市公文書管理条例（平成一八年三月三一日条例第一五号）

（目的）

第一条　この条例は、市政運営に関する情報は市民の財産であるという基本的認識の下、市政運営に対する市民の信頼の確保を図るため、公文書等の管理責任を明確にし、公文書等の管理に関する基本的な事項を定めることにより、現用の公文書の適正な管理並びに歴史資料として重要な公文書等の適切な保存及び利用等を図り、もって市政が適正かつ効率的に運営されるようにするとともに、本市及び地方独立行政法人等の有するその諸活動を現在及び将来の市民に説明する責務が全うされるようにすることを目的とする。

（作成）

第四条　本市の機関は、意思決定をするに当たっては、公文書（法人公文書を除く。以下この条及び次条において同じ。）を作成してこれをしなければならない。ただし、事案が軽微なものであるとき又は意思決定と同時に公文書を作成することが困難であるときは、この限りでない。

2　本市の機関は、意思決定と同時に公文書を作成することが困難である場合において、前項ただし書の規定により公文書を作成することなく意思決定をしたときは、当該意思決定をした後速やかに公文書を作成しなければならない。

3　本市の機関は、審議又は検討の内容その他の意思決定の過程に関する事項であって意思決定に直接関係するものについては、事案が軽微なものである場合を除き、公文書を作成しなければならない。

4　本市の機関は、事務及び事業の実績については、事案が軽微なものである場合を除き、公文書を作成しなければならない。

5　市長は、本市の機関の意思決定の過程に関する事項に係る公文書が適切に作成されるようにするため、公文書の作成に関する指針を定めるものとする。

それぞれの四条の規定を見ると、公文書管理法よりも大阪市の条例の方が公文書の作成義務を厳しく課しているといえる。他の自治体においても、条例であろうと規則であろうと、大阪市のこの規定を参考にして運用すべきである。また、大阪市が「説明責任を果たすための公文書作成指針」(二〇〇六年〔平成一八年〕一月制定)の「はじめに」で次のとおり述べているのは、どの自治体にも当てはまることである。

「情報公開と文書管理は車の両輪」と言われるように、情報公開制度のより一層の充実が求められる中、市政運営の透明性を向上させ、市民への説明責任を果たしていくためには、公文書の適正な管理は不可欠であり、ますます重要になっています。

しかしながら、本市において、情報公開請求に対して非公開決定がされるものの中には、請求対象となる公文書が存在しないことにより非公開となるケースがあります。

そもそも作成すべき公文書が作成されていなかったり、作成されていても適正な管理がなされていなければ、情報公開制度の円滑で適正な運用ができないばかりでなく、市政に対する信頼を損なうことにもなりかねません。

(中略)

本指針では、次のことを主眼として、公文書を確実に作成し、適正に管理する方法を示しています。

1　意思形成過程の文書についても、確実に作成されるようにすること
2　決裁や供覧の手続を経ていない組織共用文書についても、適正な保存管理がされるようにすること
公文書の適正管理は、単に事務処理上の問題にとどまりません。情報公開制度とともに機能することにより、市政に対する市民の信頼確保と市全体の行政能力の向上にもつながります。そのためには公文書は確実に作成され、適切に保存管理されなければなりません。
（以下略）

このように、公文書として記録しておくのは、常に心掛けて実践すべきことである。特に、訴訟になったときに主張を裏付ける重要な証拠となる。民事訴訟法二二八条二項の規定により、公務員が職務上作成したものと認めるべきときは、真正に成立した公文書と推定される、ただし、推定されるのは、公務員が職務上作成した文書とされることだけであり、その内容に偽りがないと推定されるわけではない。言うまでもなく、文書として記録に残そうとするときは、その内容に偽りがないものとして取り扱われるよう正確を期す努力が欠かせない。

○民事訴訟法（平成八年六月二六日法律第一〇九号）
（文書の成立）

第二二八条　文書は、その成立が真正であることを証明しなければならない。
2　文書は、その方式及び趣旨により公務員が職務上作成したものと認めるべきときは、真正に成立した公文書と推定する。
3〜5　略

また、公文書として記録しておくことは、職員の効率的かつ適切な事務の遂行にも資する。例えば、滅多にない行政代執行の事務を記録しておくと、後年、行政代執行を行おうとするときに、これを行う心理的ハードルが下がり、具体的な実施方法についても大いに参考になる。法制担当部門において、例規の制定改廃の審議の内容を記録しておくと、後年の担当者の参考になり、迅速かつ的確な審査につながる。このように、公文書は、住民の共有財産だけでなく、職員にとっても貴重な財産であるという意識を持ち、後任者のために記録を残しておくという意識を持つべきである。

(6)　公正な職務の執行

職員に対して、何とか要望をかなえようと強力に働きかける人がいる。その要望の内容が法令に抵触し、応じられないとき、その旨をその人に伝えても、一向に納得せず、執拗にその要望を繰り返す人がいる。これに一人で対応し続けていると、その職員は、ストレスが溜まり、心身共に疲弊する。その結果、その働きかけに屈してしまうおそれがある。このような要望に対しては、組織を挙げて毅然とした対応が必要である。そのためのルールが確立していれば、職員は安心して職務に従事することができる。

こうしたことが背景にあって、職員を守るとともに、公正な職務の執行を確保するためのルールを定めている自治体が増えつつある。以下、京都市の取組を紹介しよう。

京都市では、要綱による取組を経て、二〇〇七年（平成一九年）に「京都市職員の公正な職務の執行の確保に関する条例」を制定し、職員が職務の執行に関し受けた要望等を全て記録し、その概要を公表することにより、職務執行の透明性を高めるとともに、不正な要望等に対しては、組織を挙げて毅然と対応するための仕組みを整えた。

同条例において「要望等」とは、職員に対して行われるもので、業務に関して職員の作為又は不作為を求める一切の行為である（同条例二条三号）。

職員は、書面以外の方法により受けた要望等は全て記録し、上司に報告しなければならないこととされている（同条例六条・八条）。特に、不正な要望等（同条例二条四号）又は不正な言動（同条例二条五号）を伴う要望等があったと認めるときは、当該要望等を行ったものに対する警告、捜査機関への告発、当該要望等及び当該不正な言動の内容の公表その他必要な措置を講じるものとされている（同条例九条一項）。このように、組織的に対応することとなっている。

○京都市職員の公正な職務の執行の確保に関する条例（平成一九年六月八日条例第三号）
（目的）
第一条　この条例は、職員の職務の執行に関する不正な要望等及び不正な言動を伴う要望等に対し適正に対処するため、当該要望等がなされた場合の対応等に関し必要な事項を定めることにより、職員の公正な職務の執行を確保することを目的とする。
（定義）
第二条　この条例において、次の各号に掲げる用語の意義は、それぞれ当該各号に定めるところによる。
(1)　実施機関　市長、公営企業管理者、消防長、教育委員会、選挙管理委員会、人事委員会、監査委員、農業委員会、固定資産評価審査委員会及び市会事務局長をいう。
(2)　職員　実施機関の地位にある者及びこれを補助する職員をいう。
(3)　要望等　職員に対して行われる本市の業務（中略）に関する要望、請求、要請その他名称のいかんを問わず職員の作為又は不作為を求める一切の行為（職員が職務として行うものを除く。）をいう。
(4)　不正な要望等　要望等のうち、次のいずれかに該当する作為又は不作為を求める行為をいう。
ア　合理的な理由なく、特定のものに対して有利な取扱いをし、又は不利益な取扱いをすること。
イ　合理的な理由なく、特定のものに義務のないことを行わせ、又は特定のものの権利の行使を妨げること。
ウ　合理的な理由なく、執行すべき職務を執行せず、又は定められた期限までに執行しないこと。

エ　本市が当事者となる契約において、本市以外の契約の当事者に不当な利益が生じるよう契約の対価又は条件を操作すること。

オ　職務上知り得た秘密を漏らすこと。

カ　その他公務員としての職務に係る法令等（中略）又は倫理に反する行為を行うこと。

(5)　不正な言動　暴行、脅迫、侮辱その他の社会的相当性を逸脱する言動をいう。

(6)　申請　法令等又は実施機関が定めた内部規定に基づき、実施機関又はその委任を受けた者の許可、認可、承認その他の自己に対し何らかの利益を付与する処分その他の行為を求めるものであって、これに対して実施機関又はその委任を受けた者が諾否の応答をすべきこととされているものをいう。

（書面以外の方法により要望等を受けた場合の記録）

第六条　職員は、本市の業務に関し、書面（電子的方式、磁気的方式その他人の知覚によっては認識することができない方式で作られた記録を含む。以下同じ。）以外の方法により要望等を受けたときは、速やかにその内容を書面により記録しなければならない。ただし、要望等の場で用件が終了し、改めて対応する必要がない場合（不正な要望等に該当する場合を除く。）は、この限りでない。

（不正な言動を伴う要望等の記録）

第七条　職員は、不正な言動を伴う要望等を受けたときは、速やかに当該言動の内容を書面により記録しなければならない。

（書面の実施機関等への提出）

第八条　職員は、前二条の規定により作成した書面及び要望等が書面によりなされた場合の当該書面（申請に係る書面を除く。）又はその写しを、速やかに実施機関又はその指定する職員（以下「実施機関等」という。）に提出しなければならない。

（要望等に対する措置等）

第九条　実施機関等は、前条の規定により書面の提出があった場合において、不正な要望等又は不正な言動を伴う要望等があったと認めるときは、当該要望等を行ったものに対する警告、捜査機関への告発、当該要望等及び当該不正な言動の内容の公表その他必要な措置を講じるものとする。

2　実施機関が指定する職員は、前項の措置を講じたときは、その内容を実施機関に報告しなければならない。

3　略

不正な要望に対して適切に対応ができるよう、組織的に取り組むルールを定め、実践することは、住民に信頼される行政運営の一環として求められる。よって、このようなルールを持っていない自治体にあっては、速やかにルール化を図るべきである。

⑺　個人的な問題

不祥事は、起こらないのが最もよい。よって、防止に努めることが第一である。しかし、職務には関わらない職員の個人的な問題については、これを把握するのは困難である。また、これを把握できても、問題の解決に向けての支援が難しいことが多い。

例えば、仕事ではなく家庭において問題を抱え、ストレスを溜めていたのが原因で、不祥事を起こしてしまうことがある。この点、「多数の人間が所属している組織では、個人的な資質に問題がある人間、個人的事情による犯罪を完全になくすことは不可能である」（郷原信郎『組織の思考が止まるとき――「法令遵守」から「ルールの創造」へ』（毎日新聞社、二〇一一年）一一一頁）と言われている。

確かに、根絶させるのは不可能といわざるを得ない。しかし、できる限り少なくすることは可能である。最近落ち着きがない、私用の電話が多くなった、雑談が少なくなったなど、同僚のちょっとした変化に気付くだけでも、未然防止につながる。こうした場合に即座に対応できるように、同僚との間で私事にわたることについても話ができるような風通しのよい職場風土を作っておくことが大切である。

京都市では、こうした職場風土作りの一環として、年に二回、上司（課長）が部下（課の職員全員）と個人面談をすることとしており、上司は、この面談を通じて、仕事のみならず私生活上の悩みがあれば真摯に耳を傾けるようにしている。上司や同僚が自分のことを気にかけてくれている、分かってくれているという信頼関係があれば、過ちを犯せば同僚に迷惑をかけるという意識が働き、歯止めがかかることがあるものである。

(8)　メンタルヘルス対策

心身共に健康であることは、仕事をしっかりとしていくうえでの必要条件である。ところが、近年では、心の病の中でも、うつ病に罹る人が増加している。職場において、これを予防するなどの適切な対応をすることは、リスク管理の一環として求められているといえる。

上司が部下にパワーハラスメント（六1(2)〔二七二頁参照〕）を繰り返すと、その部下はうつ病になる可能性が高くなる。また、パワーハラスメントには当たらない指導であっても、期待をかけ過ぎたり、部下がその指導を深刻に受け止め、仕事を独りで抱え込んだりしてしまうと、その部下が精神的に追い詰められ、うつ病になるおそれがあるので要注意である。

うつ病には、大きく分けて**図表5**のように二つあると言われている（吉野聡「今日のうつ病事情③メンタルヘルス一一九番」地方自治職員研修二〇一〇年三月号七一頁から抜粋）。

どちらにせよ、症状が重くなればなるほど、回復に時間がかかり、又は回復が困難になってくる。よって、二〇一五年（平成二七年）一二月一日から労働安全衛生法六六条の一〇第一項の規定により事業者に対して実施が義務付けられているストレスチェックを受けることにより、うつ病の症状が表れていると認められたときは、それが軽いうちに対処するべきであり、それを上司も部下も肝に銘じておくことが必要である。

○労働安全衛生法（昭和四七年六月八日法律第五七号）
（心理的な負担の程度を把握するための検査等）
第六六条の一〇　事業者は、労働者に対し、厚生労働省令で定めるところにより、医師、保健師その他の厚生労働省令で定める者（以下この条において「医師等」という。）による心理的な負担の程度を把握するための検査を行わなければならない。
2〜9　略

また、長時間にわたる残業を恒常的に伴う業務に従事していた労働者がうつ病に罹り自殺したことから、当該労働者の両親が損害賠償請求の訴えを提起した事案において、民法七一五条の規定に基づく損害賠償責任が使用者にあるとした平成一二年三月二四日最高裁第二小法廷判決（民集五四巻三号一一五五頁）が次のとおり判示している。

労働者が労働日に長時間にわたり業務に従事する状況が継続するなどして、疲労や心理的負荷等が過度に蓄積すると、労働者の心身の健康を損なう危険のあることは、周知のところである。（中略）使用者は、その雇用する労働者に従事させる業務を定めてこれを管理するに際し、業務の遂行に伴う疲労や心理的負荷等が過度に蓄積して労働者の心身の健康を損なうことがないよう注意する義務を負うと解するのが相当

図表５ 従来型うつ病と現代型うつ病の特徴

	従来型うつ病	現代型うつ病
年齢層	中高年（40代～50代）が中心	青年層（20代～30代）が中心
元々の性格	社会的役割や規範を重要視している。 また，自分の決めた目標やルールにもうるさく，自分に厳しい。 几帳面で，周りの人への気遣いに長けている。 基本的に仕事熱心。	自分自身のやり方や考え方にこだわりが強い。 根拠のない自信と漫然とした万能感を持つ。 社会の規範や規則はストレスと考え嫌う。 もともと仕事熱心ではない。
よく見られる症状	頭が回らず，集中力，判断力が低下する。 進まない仕事に対して強い焦りと不安を感じる。 働かない頭で残業を繰り返し，疲弊する。 疲弊しきった結果，休みの日に趣味などを楽しむことはできない。 自分に能力が足りず，周りに迷惑をかけているという強い自責感をもつ。	漫然とした倦怠感や，なんだか調子が悪い感覚がする。 ストレスフルな状況に対しては，それを回避することによって自分を守る。 休みの日になると，症状が和らぎ，気分転換などに出かけられる。 職場が悪い，上司が悪いと他者への非難を繰り返す。
自殺企図	完遂しかねない“熟考した”自殺企図	衝動的な自傷，一方で“軽やかな”自殺企図

であり、使用者に代わって労働者に対し業務上の指揮監督を行う権限を有する者は、使用者の右注意義務の内容に従って、その権限を行使すべきである。

体調の異変の判別が難しい病気の場合は、労働者からの申告がなければ業務を軽減させるなどの配慮ができないと考えられがちである。しかし、労働者が過重な業務によってうつ病を発症し、悪化した場合において、使用者の安全配慮義務違反等に基づく損害賠償の額を定めるに当たり、労働者が使用者に対して病状を申告しなかった事実を重視するのは相当でなく、これを労働者の責めに帰すべきものということはできないので、労働者が病状を使用者に申告しなかったことをもって過失相殺はできないとした判例がある。平成二六年三月二四日最高裁第二小法廷判決（判例時報二二九七号一〇七頁）であり、次のとおり判示している。

上告人が被上告人に申告しなかった自らの精神的健康（いわゆるメンタルヘルス）に関する情報は、神経科の医院への通院、その診断に係る病名、神経症に適応のある薬剤の処方等を内容とするもので、労働者にとって、自己のプライバシーに属する情報であり、人事考課等に影響し得る事柄として通常は職場において知られることなく就労を継続しようとすることが想定される性質の情報であったといえる。使用者は、必ずしも労働者からの申告がなくても、その健康に関わる労働環境等に十分な注意を払うべき安全配慮義務を負っているところ、上記のように労働者にとって過重な業務が続く中でその体調の悪化が看取される場合には、上記のような情報については労働者本人からの積極的な申告が期待し難いことを前提とした上で、必要に応じてその業務を軽減するなど労働者の心身の健康への配慮に努める必要があるものというべきである。

現在では、先述のとおりストレスチェックの実施義務が事業者に課されていることから、労働者の心身の健康を損なうことがないように注意する義務の程度は、この判決当時よりも高くなっているといえよう。

なお、厚生労働省労働基準局長から次の二つの通知が出され、インターネットにより読むことができる。ぜひ参考にすべきである。

・平成二七年五月一日（基発〇五〇一第七号）「心理的な負担の程度を把握するための検査及び面接指導の実施並びに面接指導結果に基づき事業者が講ずべき措置に関する指針」について

・平成二八年四月一日（基発〇四〇一第七二号）ストレスチェック制度の施行を踏まえた当面のメンタルヘルス対策の推進について

これらのほか、二〇一五年（平成二七年）一一月三〇日付で出された次の四つの指針もインターネットで公開されている。ぜひ参考にすべきである。

・事業場における労働者の健康保持増進のための指針（健康保持増進のための指針公示第五号）
・労働者の心の健康の保持増進のための指針（健康保持増進のための指針公示第六号）
・健康診断結果に基づき事業者が講ずべき措置に関する指針（健康診断結果措置指針公示第八号）
・心理的な負担の程度を把握するための検査及び面接指導の実施並びに面接指導結果に基づき事業者が講ずべき措置に関する指針（心理的な負担の程度を把握するための検査等指針公示第二号）

⑼　組織運営の在り方

ア　リンゲルマン効果　　人が協力し合うことにより、相乗効果を発揮できるのは間違いない。ところが、ここで注意しなければならないのは、いつでも相乗効果を発揮できるとは限らないということである。リンゲルマン効果、あるいはいわゆる「社会的手抜き」と呼ばれる現象が生じることがある。これは、集団で共同作業を行うとき、人数の増加に伴って、一人当たりの仕事量が低下する現象である。

日本の役所独特の仕事の進め方に稟議という方法がある。担当者が起案し、押印した後、一通の決裁書に関係する職員がたくさん押印し、最後に決定権限のある者が押印することが、日常的に行われている。

この文書に対して、押印した者が同じ程度に真剣に読むことはない。内容によりけりだが、最も時間をかけて検討するのは、起案をする担当者、次にその直属の上司ということが多いのではなかろうか。その他の多くの職員は、文書のタイトルと内容にざっと目を通して押印するだけである。押印の数だけ見れば、それぞれの職員が真剣に検討した足跡のように見える。しかし、実態を見ると、多くの職員が知恵を出し合って相乗効果を発揮し、優れた決定をしているとは到底いえない。

そもそも、皆が同じ目線で検討する必要はない。それぞれの立場（文書の形式面を見る立場、内容面を見る立場、政策との整合性を見る立場、コスト面を見る立場など）で真剣に検討するだけでも、他の立場であったら気付かないような問題点を発見したりすることができる。それぞれの立場を踏まえた検討の後、押印するようになれば、その過程で内容が次第に優れたものになるのではなかろうか。

組織全体を統括する部署は、回付されてくる文書が多くなる。限られた時間で全ての文書をしっかりと読む余裕がないのが実態である。そうであれば、より迅速に決定するため、当該統括部署の職員を外してもよいと思う。事案によっては組織内の分権を進め、決定に関与すべき者と決定事項を知るべき者を区別し、当該統括部署は後者にしてはどうか。後者は、決定後に内容を閲覧できればいいのである。その方が責任の所在も明確になるのではなかろうか。

イ　働かないアリの有用性　　ところで、リンゲルマン効果により全員が少しずつ手を抜く状況は避けるべきであるが、全員が力を尽くすのではなく、力を尽くす者とそうでない者が混在している方が好ましいと推論することができる観察結果がある。これは、二〇一六年（平成二八年）二月一六日に北海道大学大学院農学研究院の長谷川英祐准教授らが発表したものである（研究論文名：Lazy workers are necessary for long-term sustainability in insect societies。概要については、http://www.hokudai.ac.jp/news/160217_agr_pr.pdf 参照）。研究成果のポイントが次のとおりまとめられている。

・アリのコロニーに存在する働かないアリは、他のアリが疲れて働けないときに仕事を代わりに行う。

・普段働かないアリは常に誰かがこなさなければならない仕事を、他のアリが疲れて働けないときにこなす。

・従って、組織の長期的存続を確保するためには、短期的効率を下げる一見ムダな働かないアリをある程度確保しておくことが必要になる。

近年、職場における超過勤務を縮減することが大きな課題となっている。ある職場において全員が長時間の勤務をしていると、全員に疲労がたまり、業務遂行の効率性が低くなる。ミスを誘発しやすい。過労で倒れる職員も出かねない。このような事態を避ける方法を考えるに当たって、アリの観察結果は、大きな示唆を与える。超過勤務が避けられないときであっても、全員が同じように超過勤務をするのではなく、超過勤務をしなくてもいい職員を必ず置いておき、いつでも交代できるようにしておくということである。全員が超過勤務をすれば短期的にはそれだけの成果を挙げられるかもしれない。しかし、長期的に見れば、業務遂行の効率性が次第に低下し、成果が下がってしまうのである。組織の長は、持続可能な組織運営を行うという観点から、職員の役割分担を臨機応変に決めていくことが大切である。

ウ　組織体制の整備の必要性　　法を適切に執行していくには、ア及びイも踏まえ、組織体制の整備を図らねばならない。これが不十分であると、違法行為の横行を招き、法に対する信頼を損ねることとなる。

介護保険制度の導入のように、法律により大きな制度改革があると、財政上の手当てもあるので、組織体制の整備を怠ってしまうという状況にはならないであろう。一方、自治体独自の制度を導入しようとするときも、これに必要な財政上の措置のみならず、組織体制の検討を怠ってはならない。近年は、自治体の職員の削減が進められている。そうであっても、適切に法を執行するため人材の投入を惜しんではならない。特に、新しい制度が軌道に乗り、一定の成果を挙げるまでは、十分な体制を整備すべきである。これができないと、後任への事務の引継ぎが不十分となり、いつまで経っても、不十分な取組しか行えないという事態になるだろう。体制の整備ができないのであれば、新しい制度の導入を見送るべきである。

4　不祥事が起こったときの対応

第三章三2（一四〇頁）で述べた「失敗の知識化」は、ある程度時間をかけて行うべきことであるのに対して、ここでは、不祥事が起こったときに取り急ぎ対応していく際に留意すべきことについて、述べておきたい。

(1)　有事の体制の構築

不祥事に対応する組織がなければ、これに的確に対応していくため、これまでの平時とは異なる有事の体制を決めるべきである。不祥事に対応する体制があいまいなままで対応が後手に回ると、行政に対する不信感が更に大きくなるので、早急に体制の構築が必要である。その体制は、一度作ったら変えられないわけではなく、状況に応じて伸縮自在に変更できるようにすべきである。

また、この体制のメンバーの中には、不祥事に関わった疑いのある者はもちろんのこと、不祥事に関わりのある業務に従事していた者を入れないようにしなければならない。そうでなければ、事実関係の調査をする主体と客体が同一人物になってしまい、公正な調査をすることができないからである。

ところで、日本弁護士連合会は、二〇一〇年（平成二二年）七月一五日付（同年一二月一七日改訂）で、「企業等不祥事における第三者委員会ガイドライン」を策定している。これは、「経営者等自身による、経営者等のための内部調査では、調査の客観性への疑念を払拭できない」との問題意識から、「独立性の高いより説得力のある調査」を行うため、「企業等から独立した委員のみをもって構成され、徹底した調査を実施した上で、専門家としての知見と経験に基づいて原因を分析し、必要に応じて具体的な再発防止策等を提言するタイプの委員会」（第三者委員会）のためのものである。これは、インターネット上でも公開されている（http://www.nichibenren.or.jp/activity/document/opinion/year/2010/100715_2.html）。ぜひ参考にすべきである。

不祥事への対応に当たっては、このような第三者委員会を設置するかどうかも検討すべきである。

(2)　事実関係の調査

事実関係の的確な把握に努めなければならない。

5W1H、すなわち、いつ、どこで、誰が、何を、なぜ、どのようにという六つのポイントを押さえるに当たって、自ら解明可能な範囲はどこまでか、他の機関、専門家等の第三者に委ねた方がよい点は何かの見極めが必要である。

事実関係を把握するため、その多くを他の機関に委ねざるを得ない場合の典型例は、刑事事件である。例えば、職員が公務外で窃盗の疑いで逮捕されたとき、一般的には、接見できるまでは、当該職員から直接話を聞くことができず、当面は警察からの情報に拠らざるを得ない。ここで留意すべきは、当該職員が容疑を認めているかどうかの把握である。容疑を認めているのであれば、基本的には警察からの情報に基づき、事実関係を把握しても差し支えない。しかし、否認しているのであれば、事実関係は未だ明らかになっていないと考えるべきある。当該職員が容疑を認めているかどうかにかかわらず、当該職員が精神疾患に罹っていた場合は、医師の意見を聴くことが必要であろう。仮に、盗んだとされる物が職場の備品であれば、備品の存否を確認することができ、当該備品が紛失していれば、当該職員が容疑を認めているかどうかにかかわらず、警察と協力して事実関係の把握に努めるべきである。

次に、専門家による調査が有効な場合がある事例として、個人情報の流出事案がある。情報を管理するシステムの内容が複雑で高度化しており、職員だけでは十分な対応ができないときは、情報セキュリティの専門家の協力は欠かせないといえる。

(3)　被害者への対応

被害者がいれば、まずはお詫びに行くことが必要である。これを怠ると、損害賠償の交渉に支障を来しかねない。情報の流出により被害に遭った住民が多数であっても、その住民の特定ができる限り、速やかな謝罪が肝要である。

被害者の中には、ここぞとばかりに過大な要求をしてくる人がいる。いわばクレーマーと化した人との対応で絶対に忘れてはならないのは、その者を特別扱いしないことである。精神的にストレスが溜まるが、この者の要求に何とか応じる術はないかと考えるのではなく、過大な要求には法的に応じる義務がないことを念頭に、平行線で終わらせるのを目指せばよい。

(4)　事案の公表

不祥事を隠そうとしても、内部告発などによりいずれ明るみになると考えるべきであり、いつの時点で公表するのがよいのかを検討すべきである。ここで留意すべきは、事実関係をある程度把握してからの方がよいとは限らないことである。不明な事実が多くあっても、被害の拡大を防止するため、早めに公表しておいた方がよいこともある。例えば、住民の個人情報の流出があった場合、被害に遭った住民の数が不明であっても、流出を止めるための対策を講じるまでは、関係する行政サービスの提供ができなくなるのであれば、(1)の有事の体制の構築前であっても一刻も早い公表が必要である。不祥事の発生後の速やかな発表であれば、事案の概要と住民その他関係者への影響を簡潔にまとめ、問合せ先を明らかにすれば十分である。

社会的な影響が大きい事案であればあるほど、事実関係の解明に時間を要するものである。しかし、そのような場合に公表が遅れると、遅れたことについても非難の的となり、行政に対する不信感が増してしまうので、要注意である。また、公表は一度限りではなく、事実関係の解明を終えた時点での中間報告、再発防止策を講じた時点での最終報告というように、節目ごとの公表が必要である。

これに対して、職員が逮捕される事案であれば、一般的には警察がそのことを発表する。そもそも事案をいつ公表すべきかの判断は不要となる。とはいえ、記者会見や記者クラブへの投げ込み（報道機関向け発表資料の配布）で改めて説明するかどうかの判断は必要である。自治体からの説明がなければ、取材を受けることになる。その場合、取材に応じる職員を絞り、対応する職員によって答える内容が異ならないようにしなければならない。

どんな方法であれ、自治体が不祥事を公表するときは、事実関係（原因を含む）について判明していることと判明していないことを明確に区別しておくべきである。

また、説明の際には、言葉の意味をあいまいにしないことが大切である。例えば、「不適切」と「不正」の異同を気にせず、混在させて使用すると、説明する側としては、違法とまではいえないとの認識であったにもかかわらず、「不正」は通常「違法」のニュアンスを含むため、違法であると認識されるなど、ミスリードされるおそれがある。このようなことを防止するため、事案の概要を記した文書を配布し、誤解を生じさせないようにするのも一案である。事案が複雑であるときは、図や絵を用いて、分かりやすい説明に努めるようにすべきである。説明の内容が、報道を通じて、社会にどのように受け止められるかを想像し、説明の内容が誤解されないように気を配ることが肝要である。

さらに、落ち着いて対応できるよう、回答に難儀するような質問をできる限り想定し、想定問答集を作っておくべきである。

【余談】衆口金を鑠《と》かす

多くの人が口をそろえて言えば、大きな力となって金を溶かせるほどの力があり、大勢の人によるいわれのない誹謗中傷は、正しいことでさえ退けられてしまうことのたとえです。

デマは、それを流す手段さえあれば、いくらでも容易に流布させられます。一方、正しい情報は、その裏付けを取っておく必要があり、それを伝えるには時間も手間も要するものです。そうしたことから、マスメディアに加え、インターネットが広く利用される現代において、流される情報については、それが広く大量に伝えられているか否かをその情報の真否の判断基準にしてはならないといえるでしょう。一度、誤った情報が広く伝えられ、世論に影響を与えると、これを訂正するのは容易ではありません。特に、人の理性ではなく感情に訴えた言動によって、多くの人が共感してしまうと、誤った情報がまるで真実であるかのように受け止められてしまいます。したがって、そのような事態が発生する兆しが認められれば、真実が偽りの事実で覆い隠されてしまう前に速やかに正しい情報を繰り返し流すなど、必要な措置を全力で講じなければなりません。

六　「己の欲せざる所は人に施す勿れ」

孔子の「論語」にある言葉で、自分がして欲しくないと思うことは、他人にすべきではないという意味である。

相手の立場に立って物事を考えることを常に意識していれば、この言葉どおりに実行できるだろう。

以下、1では、職場の人間関係で生じる出来事として問題になっているハラスメントについて説明する。被害を受けた者の思いが分かれば、決してハラスメントの行為に及ばないであろうと考えられるものである。2では、立法の際に留意すべきこと、特に、多数決で決するのが常によいわけではないことについて説明する。

1　ハラスメント

ハラスメントについては、セクシュアルハラスメントに始まり、近年では、パワーハラスメントが大きな問題として取り上げられている。これらから派生したものとして、マタニティハラスメント、ソーシャルメディアハラスメント、モラルハラスメントなど、様々なハラスメントが取り沙汰されている。これらに共通していえるのは、ハラスメントの言動に及んだ者に、その認識がない、又はその認識が希薄なことである。そのため、ハラスメントであると指摘され、反省しない限り、繰り返し平気で行いがちである。したがって、ハラスメントの言動について、加害者とされる者がその事実を認めながらも、それがハラスメントであるとの認識がないときは、その認識に誤りがある旨を丁寧に説明し、注意を行う必要がある。

以下、セクシュアルハラスメントとパワーハラスメントについて、それぞれの固有の問題を中心に取り上げる。

(1) セクシュアルハラスメント

セクシュアルハラスメントについては、人事院規則（平成一〇年一一月一三日人事院規則一〇－一〇）二条一号において「他の者を不快にさせる職場における性的な言動及び職員が他の職員を不快にさせる職場外における性的な言動」と定義されている。

また、雇用の分野における男女の均等な機会及び待遇の確保等に関する法律一一条一項の規定により、事業主は、職場における性的な言動に起因する問題に関する雇用管理上の措置を講じることが義務付けられている。

○雇用の分野における男女の均等な機会及び待遇の確保等に関する法律（昭和四七年七月一日法律第一一三号）

（職場における性的な言動に起因する問題に関する雇用管理上の措置）

第一一条　事業主は、職場において行われる性的な言動に対するその雇用する労働者の対応により当該労働者がその労働条件につき不利益を受け、又は当該性的な言動により当該労働者の就業環境が害されることのないよう、当該労働者からの相談に応じ、適切に対応するために必要な体制の整備その他の雇用管理上必要な措置を講じなければならない。

2～3　略

これらの規定を踏まえ、自治体においても、発生の防止と発生後の適切な対応が求められている。

被害者と加害者とされる者の二人しか居合わせない場所における言動については、これら当事者の言い分が異なり、事実関係を明らかにできないことがある。多数の者が居合わせながらも目撃者がいないときも、同様の事態が生じる。加害者とされる者がハラスメントの言動をしていないと否認したときは、これを覆すもの（例えば、言動を録音したもの）が出てこない限り、被害者の言い分だけを根拠にハラスメントの言動があったと認定してはいけない。ここは刑事裁判の考え方と同じように、すなわち「疑わしきは罰せず」とすべきである。

筆者の経験では、加害者とされる者がハラスメントの言動自体を真っ向から否認するということはなかった。酔っ払って気持ちが大きくなり、ハラスメントの言動に及んだ事例、ハラスメントの言動に及んでいるとの認識がない、又は希薄であった事例ばかりであった。

飲酒が原因の事例は、酒好きの者であれば誰もが陥る可能性があり、要注意である。酔い過ぎて記憶がなくなってしまうこともある。記憶があいまいになると、積極的にハラスメントの言動を否認できなくなり、被害者の言い分どおりに認定されるおそれがある。深酒により前後不覚に陥る傾向にあるとの自覚があれば、深酒を控えるべきである。

次に、ハラスメントの認定をすべきか非常に悩ましい事例を紹介しよう。それは、個々の言動を見るとハラスメントに当たるとまではいいにくい様々な言動が繰り返されたという事例である。例えば、宴会の際に女性職員の両肩に両手を置くといった程度の行為やその女性職員を「ちゃん」付けで呼ぶといったことである。加害者とされた同僚の年上の男性職員は、これらの言動についてはハラスメントに当たるとの認識がなかったものである。一方、この女性職員は、これらの言動により不快感を覚え、精神的苦痛を感じていたものである。

一般に、女性職員が同僚の年上の男性職員に対して異議を述べたり、明確に拒絶したりするには、相当の勇気と強い意志が必要である。よって、女性職員が不快感を覚えたかどうかを判断するに当たっては、男性職員の言動に対する女性職員の反応を額面どおりに捉えるべきではない。男性職員の言動を客観的に見て、一般に女性であれば不快感を覚えるであろうと認められるときは、女性職員が心からこれを歓迎していると認められるなど特段の事情がない限り、男性職員の言動は、女性職員に不快感を覚えさせるものである。また、個々の言動を捉えれば社会通念上相当性に欠けるとまではいえないとしても、これらの言動の積み重ねにより、社会通念上相当と認められる限度を超えるに至る場合がある。こうした考え方に基づけば、これらの言動はハラスメントに該当すると認定できる。これは、事実関係に争いがなくても、評価が難しい典型例であるといえる。

なお、「人事院規則一〇‐一〇（セクシュアル・ハラスメントの防止等）の運用について（通知）」が公開されている（http://www.jinji.go.jp/sekuhara/unnyoututi.pdf）。ぜひ参考にすべきである。

(2)　パワーハラスメント

パワーハラスメントとは、セクシュアルハラスメントとは異なり、法令上の定義付けはされていないが、厚生労働省の「職場のいじめ・嫌がらせ問題に関する円卓会議ワーキング・グループ」は、二〇一二年（平成二四年）一月三〇日に発表した報告の中で、「職場のパワーハラスメントとは、同じ職場で働く者に対して、職務上の地位や人間関係などの職場内の優位性（※）を背景に、業務の適正な範囲を超えて、精神的・身体的苦痛を与える又は職場環境を悪化させる行為をいう。※上司から部下に行われるものだけでなく、先輩・後輩間や同僚間、さらには部下から上司に対して様々な優位性を背景に行われるものも含まれる。」と定義付けた。そして、「職場のパワーハラスメント」の行為類型として、全てを網羅するものではないとしつつ、以下のものを挙げている。

①　暴行・傷害（身体的な攻撃）
②　脅迫・名誉毀損・侮辱・ひどい暴言（精神的な攻撃）
③　隔離・仲間外し・無視（人間関係からの切り離し）
④　業務上明らかに不要なことや遂行不可能なことの強制、仕事の妨害（過大な要求）
⑤　業務上の合理性なく、能力や経験とかけ離れた程度の低い仕事を命じることや仕事を与えないこと（過小な要求）

⑥　私的なことに過度に立ち入ること（個の侵害）

（中略）

まず、①については、業務の遂行に関係するものであっても、「業務の適正な範囲」に含まれるとすることはできない。

次に、②と③については、業務の遂行に必要な行為であるとは通常想定できないことから、原則として「業務の適正な範囲」を超えるものと考えられる。

一方、④から⑥までについては、業務上の適正な指導との線引きが必ずしも容易でない場合があると考えられる。こうした行為について何が「業務の適正な範囲を超える」かについては、業種や企業文化の影響を受け、また、具体的な判断については、行為が行われた状況や行為が継続的であるかどうかによっても左右される部分もあると考えられるため、各企業・職場で認識をそろえ、その範囲を明確にする取組を行うことが望ましい。

この報告では、「職場のパワーハラスメント」としているが、これらの言動があった場所が職場外であっても対象となると考えるのが適当である。

なお、この報告の後、厚生労働省は、「パワーハラスメント対策導入マニュアル」を公表するとともに、「あかるい職場応援団」という総合情報サイトを設けている（https://www.no-pawahara.mhlw.go.jp/）。

図表6　パワーハラスメントと「指導」との違い

	パワーハラスメント	指　導
目　的	相手を排除する	相手の成長を促す
必要性	業務上の必要性がない	業務上の必要性がある
態　度	威圧的，攻撃的，否定的	肯定的，受容的，自然体
タイミング	過去のことを繰り返し追及	タイムリーにその場で指摘
誰の利益か	自分の利益を優先	組織と相手に利益がある
結　果	部下が萎縮する	現場に活気が出る

ぜひ参考にすべきである。

パワーハラスメントなのか、適正な指導なのか、見極めが難しい場合がある。この点について、京都市では、株式会社クオレ・シー・キューブの考え方を参考に、**図表6**のとおり整理している。

上司等優位な立場にある者は、これらのことを肝に銘じて職務を遂行していかなければならない。

【余談】 子供叱るな来た道じゃ、年寄り笑うな行く道じゃ

筆者は、約一〇年前に次女を連れて遊びに行った子供向けの施設で、このことを書いた紙を収めている額縁を見つけました。そして、その意味を理解し、それ以来、肝に銘じるようにしています。その後、この言葉について端的に説明している本を見つけたので、ここに紹介します（時田昌瑞『思わず使ってみたくなる知られざることわざ』〔大修館書店、二〇一六年〕一三四頁）。

なぜ子供を叱ってはいけないのかといえば、それは自分も同じように悪戯しながら育ってきただろうし、似た体験もしてきたではないかということ。一方、老人のものは、かつては先達として活躍した者でも老いて物忘れも激しくなったり人の嘲笑を買ったりするようなことも起こるが、いずれ近いうちに笑っている自分も同じ立場になるということ。だから、相手を非難がましい目で見るのではなく、許し認める優しさをもって接することを推奨しているのだ。

職場においては、経験を積んで能力を向上させると、経験の浅い若い職員の不甲斐なさが目に付き、怒りの気持ちを抑えられなくなりそうになることがあるでしょう。そんなとき、かつて自分もそうであったと思い直す余裕があれば、怒りの気持ちはなくなり、適切に助言指導を行えるはずです。部下から報告されていたにもかかわらず、それを忘れてしまっていることが多くなり始め、若い職員から冷ややかな目を向けられていると感じれば、右の言葉を紹介し、面倒でも繰り返し報告するように伝えることが必要でしょう。

2　立法に当たっての留意点

法律や条例は、議会の場において多数決で決せられる。とはいえ、多数決で物事を決すれば、その内容が正当化されると考えるのは早計である。この点、佐藤幸治教授は、次のとおり述べている（「〔座談会〕憲法六〇年――現状と展望」ジュリスト〔有斐閣〕一三三四号〔二〇〇七年五月一日－一五日号〕三四頁）。

「みんなで一緒にやろうよ」という視点がこれからもっと重視されて然るべきだと言いましたが、その際、同時に、「みんなで一緒にやってはいけないこと」「みんなで一緒に決めたのだから何が何でも従えと言ってはならないこと」とは何かをより明確にすることが非常に大事だと思います。

これは、「**悪法も法なり**」としてはならず、「**己の欲せざる所は人に施す勿れ**」を想起させる発言である。次の事項について、議会において多数決により条例で定めてもよいかという観点から考えてみたい。

A　ごみの発生を抑制する活動を行う住民に対して補助金を交付する。

B 一定の所得に満たない住民に対して、賃金の支払いと引換えに、最寄りの公の施設を清掃する義務を課す。

C 自治会の活動のうち、清掃活動に従事する住民についてのみ年代別に無作為抽出で選出することを義務付ける。

D 住民が排出するごみの分別方法を定める。

E 住民が排出するごみの置き場所の清掃を単身の世帯のみに交代で行う義務を課す。

これら五つのうち、多数決により条例で定めても差し支えないものは、何であろうか。答えは、AとDである。B、C及びEは、そうすべきではない。

まず、AとDは、いずれも全ての住民に関わり、一定の利益を享受できる内容である。住民の間で不当な差別はない。よって、多数決により条例で定めてもよい。

一方、BとEは、特定の住民にのみ義務を課す合理的理由がなく、不当な差別をしている。よって、多数決により条例で定めるべきではない。

また、Cについては、自治会による意思決定ではなく、条例で定めようとする点において、その必要性や合理性が認められず、自治会の自主的な活動に対する過度の介入といえる。よって、多数決により条例で定めるべきではない。

これに対し、Cと同様の内容を自治会の住民の多数決で決めるのであれば、住民の間に不当な差別はなく、問題ないといえる。

では、無作為抽出ではなく、ある住民Xの能力や適性から見て、清掃活動に参加してもらうことが、その地域にとって最善であるとして、住民Xに義務付けることを自治会の多数決で決めるのはどうであろうか。Xがその活動に参加したくないとの意思を明らかにしていても客観的に見て当該地域にとって最善の選択であれば、Xの意思に反した決定を行ってもよいであろうか。Xが自分であれば、到底承服し難いであろう。Xが説得に応じれば別であるが、Xの意思を無視して多数決で決すべき事柄ではないであろう。

以上の例は、結論を出しやすいものばかりといえる。これらの例から明らかなように、多数決でも決めてはいけない事柄もあることを忘れてはならない。特定の個人や少数者の人権を侵害する場合はもちろんのこと、これらの者が不当に不利益を被り、又は個人の判断に委ねるべき事柄は、多数決で決めてはならないのである。

自らが多数の立場にいると、以上のことをうっかり忘れてしまうおそれがある。しかし、多数の立場であるということ自体、不変ではないとさえ気付くことができれば、こうした思考に陥りはしない。

例えば、現在のところ健康であっても、将来何万人に一人という難病に罹るかもしれない。不運にも交通事故に遭い、重い後遺症で苦しむことになるかもしれない。このような不幸な出来事がなくても、いずれ年老いたら、何かと不自由なことが出てくる。元気な頃であったら気にならなかった階段の段差が大きいと感じるようになってくる。今が多数の立場に属しても、将来は少数の立場に属するかもしれない。「**世は回り持ち**」なのである。

また、自身に身体の障害がないという点では多数の立場に属するけれども、身体に障害がある家族がいればそういう点では少数の立場に属するということになる。このように、現在という時点に立っても、捉え方次第で多数の立場に属したり、少数の立場に属したりするものである。

これらに思いを致せば、少数の立場を慮ることなく多数の立場のみの視点で物事を決めるのは妥当ではないと、容易に気付くであろう。「**我が身を抓《つね》って人の痛さを知れ**」。誰もが直面する可能性がある困難を想像し、自らがこれに直面した場合に感じるであろう苦痛を理解するのが肝要である。

条例の立案をしようとするとき、以上のことは決して忘れてはならない視点である。

本書の内容を振り返って〜秋名君の言動の問題点

「序文の前に」で記した秋名君の言動には、様々な法的な問題が隠されている。どのような問題があるだろうか。

① 一時間の遅刻について

第二章二1（三二頁）で述べたとおり、地方公務員法三五条の規定により、公務員は、勤務時間中職務に専念する義務が課されている。一時間遅刻したということは、その間職務への従事を怠っていることを意味する。これは同条違反となり、同法二九条一項の規定（四五頁に掲載）による懲戒処分の対象となる。

この事例のように、一回限りであれば、上司に注意を受ける程度で済むのが通常であり、事後的に有給休暇の取得の手続を取ることになるであろう。しかし、これを繰り返すようでは、間違いなく懲戒処分を受けることになる。そればかりか、条例により給与が減額される。それだけ重大な事態であると認識しなければならない。

勤務時間は、慣行で決まっているわけではない。京都市であれば、京都市職員の勤務時間、休日、休暇等に関する条例施行細則（昭和三一年九月二一日人事委員会規則第五号）で決まっている。

本書の読者が自治体職員であれば、勤務先の自治体において、給与を減額する旨の規定と勤務時間に関する規定を確認していただきたい。

② 地縁による団体の認可の申請の対応について

自治会の会長が申請する意思を明確に示しているときであっても、これを行政指導（第四章四3参照）により思いとどまらせようと説得することは許容される。しかし、その説得に応じず、申請書の提出があれば、その受取りを拒否することは、行政手続法七条の規定に違反する。認可を拒否する処分をする場合は、同法八条の規定（一五一～一五二頁に掲載）に基づき、その理由を示さなければならない。

このように、法令に基づく申請があった場合の対応は、必須の知識として習得しておかなければならない。

○行政手続法（平成五年一一月一二日法律第八八号）

（申請に対する審査、応答）

第七条　行政庁は、申請がその事務所に到達したときは遅滞なく当該申請の審査を開始しなければならず、かつ、申請書の記載事項に不備がないこと、申請書に必要な書類が添付されていること、申請をすることができる期間内にされたものであることその他の法令に定められた申請の形式上の要件に適合しない申請については、速やかに、申請をした者（以下「申請者」という。）に対し相当の期間を定めて当該申請の補正を求め、又は当該申請により求められた許認可等を拒否しなければならない。

③　昼休みの会話について

不特定多数の人が聞き取ることが可能な場所において仕事の話をするのは、厳に慎まなければならない。職場の同僚に対してのみ話しているつもりでも、周囲の誰かに聞かれている可能性がある。仮に、これが職務上の秘密に当たるもので、それが漏れてしまうと、守秘義務（地方公務員法三四条一項〔一四四頁に掲載〕）に違反したとして、懲戒処分の対象となる。昼食時においても仕事の話をしようとするときは、その内容を特定できないように抽象化して話す、周囲に聞こえないように話すなど、慎重を期すべきである。

また、「**問うに落ちず語るに落つる**」ということわざがある。人に尋ねられたときは用心して秘密を話さないようにするが、自分から話し出したときは、不用意に漏らしてしまうものだという意味である。特に、飲酒により酔っているときは、要注意である。

④　テレビの購入について

個人で買うのであれば、高価のものに決めても、このメーカーが好きだからとか、この販売店にお世話になっているからといった理由でテレビを購入する店を決めてもよい。

しかし、自治体が商品を購入しようとするときは、その代金は住民の税金から支払われるため、公正な方法によらなければならない（第四章五3(4)ア〔二二九頁〕参照）。特定の店ばかりから購入していると、不審な眼で見られるおそれがある。

少額であることから、地方自治法施行令一六七条の二第一項一号（二三一頁に掲載）に規定する規則で定める額を超えないことを理由に随意契約によることができても、地方財政法四条一項の規定（七八頁に掲載）を踏まえ、品質に差がなければ少しでも安く購入できるよう、見積り合せをするのが適当である。

⑤　パンフレットの作成について

イラストは、著作権法により保護される。これを市が作成するパンフレットに利用しようとするときは、著作権者の許諾を得る必要がある。また、著作権者から使用料の請求があれば、支払う義務がある。これに違反すると、損害賠償責任を負うこととなる（第四章五3(3)〔二二四頁〕参照）。

インターネット上の画面の注意書きをよく読まずに、自由に閲覧できるから無料で自由に使ってよいと勘違いしないよう、慎重に対応する必要がある。

⑥ 補助金の申請の相談時の対応について

補助金の交付の申請者は、担当する職員にとっては、利害関係者である。利害関係者に奢ってもらうことは、厳に慎まなければならない。接待を受けるのを禁止する旨を定めた公務員倫理条例を制定している自治体の職員であれば、この条例に違反したとして、懲戒処分の対象となる（第三章五４〔二六〇頁参照〕）。また、奢ってもらったことの見返りに、便宜を図ると、収賄罪の罪に問われかねないので、要注意である。

○刑法（明治四〇年四月二四日法律第四五号）

（収賄、受託収賄及び事前収賄）

第一九七条　公務員が、その職務に関し、賄賂を収受し、又はその要求若しくは約束をしたときは、五年以下の懲役に処する。この場合において、請託を受けたときは、七年以下の懲役に処する。

2 略

⑦ 補助金の返還の催促について

⑴ 地縁による団体の認可の取消し

地縁による団体の認可を取り消せるのは、地方自治法二六〇条の二第一四項（九八頁に掲載）に定める場合である。補助金の不正受給行為は、同項による取消し理由には当たらない。よって、取消しを行うことはできない。

また、同項に定める理由で認可の取消しができる場合であっても、行政手続法一三条一項一号イの規定（一四九頁に掲載）により聴聞の手続が必要である。そのような手続を経ずに、単に認可を取り消す旨を伝えることは、同法違反であるとの指摘を受ける可能性がある。たとえ、認可の取消し理由があることが明らかであると認識していても、手続保障を怠ってはならないとの意識を強く持つべきである。

⑵ 不適切な発言の責任

⑴から、認可の取消しができない。このように、およそ法的にできないことをあたかもできるかのように伝えて、自治会長に補助金の返還を迫ってはならない。このような発言により自治会長から精神的損害を受けたとして慰謝料の請求をされれば、国家賠償法一条一項の規定（六九頁に掲載）に基づき、自治体は、その責めを負わなければならない。

採用一年目の秋名君であれば、勉強不足ということで、その発言には重過失があったとはされないであろう。しかし、ベテランの職員が同じ発言をすれば、重過失があったとして同条二項の規定（同頁に掲載）に基づき、求償責任を負わなければならないこともあるだろう。

⑧　交通事故の対応について

交通事故を起こしたときは、まずは警察への報告が必要である。仕事中の交通事故で相手方に損害があれば、その損害を賠償すべき当事者は、秋名君ではなく、市である。国家賠償法による賠償責任を市が負うのである（同法一条一項〔六九頁に掲載〕）。また、職員が個人的に責任を負うのは、同条二項の規定（同頁に掲載）により、故意又は重大な過失があったときだけである。軽過失であれば個人責任を負うことはないので、責任を問われることを恐れて、職場への報告を躊躇してはならない。

また、公用車の破損状態の把握も必要である。過失割合は、その場で話し合って決めるものではない。市が当事者となる以上は、事故を起こした秋名君の判断ではなく、組織的に決定しなければならない。

⑨　懇親会での言動について

「人酒を飲む　酒酒を飲む　酒人を飲む」

お酒を飲みすぎると、最後は、酒に飲まれ、自ら制御できなくなる。このような状況に陥り、不祥事を犯す職員は、後を絶たない。「酒は本心を表す」ともいい、好意を持った人に対して気持ちを伝えたいために、酒の力を借りることもあるだろう。それ自体は、非難されるべきではない。しかし、飲み過ぎは禁物である。酒がコミュニケーションの有効な潤滑油になるのが適度であり、自分にとっての適度はどの程度かを把握しておく必要があろう。

あとがきの前に ～秋名君の改心

休日に一気に読み終えた秋名君は、週明け早々、緩田課長にこの本を返そうとやって来ました。緩田課長は驚いて、受け取りました。

「早いじゃないか」

「無我夢中で集中して読みました。自分のことを言われているみたいで、反省すべき点がたくさんあると感じました。自分がこれまでいかに危うい仕事の仕方をしてきたかと思うと、背筋が凍る思いです。ありがとうございました」

「それは良かった。秋名君の仕事の様子を見ていると、気が気でなかったんだ。特に、仕事を一人で抱え込みがちなところが。秋名君の責任感が強いのはいいんだが、こうしたやり方で仕事に追われると、ろくなことがない。例えば、辻褄合わせをしようと文書に不実の記載をしたり、不都合な事実を隠蔽したり、上司に虚偽の説明をしたり、そんなことを積み重ね、うその上塗りを続けざるを得なくなる。そして、もはや後戻りができなくなり、大きな不正へと発展する。こうした経過で不祥事を起こす職員は、これまで全国各地の自治体でいたんだ。その度にマスメディアで取り上げられている。秋名君はこの課では初心者なんだから、こうしたことにならないよう、**『聞くは一時の恥、聞かぬは一生の恥』**だと思って、先輩に遠慮せずに尋ねるようにした方がいいよ」

「わかりました。ところで、コンプライアンスの意味がルールの創造という意味まであるということを知りませんでした」

「僕も知らなかったよ。でも、振り返ってみると、本市では、昔から実践してきたことだともいえる。全国の自治体に先駆けて、他の自治体どころか、国も参考にするような条例を制定してきたよ。このような進取の気風のある自治体に勤められることは、大いに誇りに思うといいよ」

「そんな話を伺うと、身が引き締まる思いです。自分がやりたい仕事をここで見つけられたという思いがします。この課での仕事は、自分に合っていると思います」

「自分に合った仕事か。では、『バカの壁』で有名な養老孟司先生の言葉を教えよう。こんなことをおっしゃっているんだ」

養老孟司・評、橘木俊詔・著『脱フリーター社会――大人たちにできること』（東洋経済新報社、二〇〇四年）

（毎日新聞二〇〇五年二月二七日「今週の本棚」）

いまの若者は「自分に合った仕事」を探しているらしい。そんなものはない。そもそも自分とは、仕事で規定される程度の安直なものではない。仕事とは社会に必要性があって生じるもので、それをニーズというのである。自分のために仕事が転がっている。そんなことが論理的にもあるわけがない。社会がまともに動くために、仕事が存在しているのである。

「秋名君は、自分に合った仕事は何だろうかと考えてきたようだが、それを考える前に、社会が自分に期待していることは何かと問うべきだったんだ。秋名君の伸び代は、非常に大きいと思っている。期待しているよ」

「ありがとうございます。また、お勧めの本があったら、貸してください」

「もちろんだよ。ところで、認可地縁団体の名簿の管理の負担軽減策については、何かいい考えが浮かんだかな」

「すぐには、いいアイデアが浮かびませんでした。ところが、何とこの本に答えがあったんです。一〇二頁（第二章四3）です。これをそのまま採用してはどうでしょうか」

「おいおい、これは飽くまでも、著者の私見に過ぎないよ。課内でしっかりと議論して、原案を作っていこう。これが実現すると、この本の著者は、きっと大喜びだよ」

「わかりました。必ず実現させて、この著者に報告したいと思います！」

あとがき

筆者は、一九八六年（昭和六一年）四月に京都大学法学部に入学してから今日に至るまで、法学の勉強をし、法と密接に関係のある仕事に携わってきた。

一九九二年（平成四年）に京都市役所に就職して最初に配属された部署は、都市計画法に基づく開発許可に関する事務を行う開発指導課であった。この事務は、機関委任事務であり、国の機関として市長が許可を出していた。その際、法律、政令、省令のほか、建設省から出されていた通達に依拠して事務を行っていた。機関委任事務なので従う必要がある通達には、詳細に許可基準が書かれていた。ところが、通達には書かれておらず、自ら法律解釈を行い、又は独自の許可基準を設ける必要があることもあった。その時に感じたのは、独自の許可基準というルール作りの面白さであった。法律解釈を中心に行ってきた筆者にとっては、新鮮な経験であり、非常にやりがいを感じた。

その後、条例案の審査を行う文書課（現在の法制課）に異動してから、ルール作りに一層興味を持ち、これこそが筆者がやりたかったことだと喜び、充実した日々を過ごすことができた。

一方、大学での法学教育を見ると、筆者の大学時代と同じで、法的思考力を養うため、法律解釈を中心としたものとなっており、ルール作り、立法を教えることは少ない。

立法とは、霞が関の官僚や国会議員など、ごく一部の者が関係するものという意識が強い。そうした中、自治体の立法（条例）の必要性及び重要性が次第に認められ、これに従事する職員の法制執務の能力が向上し、議員の関心も高まりつつある。

ルール作りという視点で見ると、立法だけが対象になるのではない。契約もそうである。また、一住民という立場に立つと、自治会（町内会）の規約もそうである。NPOの活動にも関われば、その定款もそうである。このように、社会と関わる以上はルールと無関係ではあり得ない。よって、ルール作りに長けていた方がいいのは明らかである。

こうしたことから、実はこれまでもそうであったが、これからは、現にあるルールを知り、これを巧みに使うことだけに関心を持つのではなく、ルールを創造していくことにも関心を高め、その能力の向上を図っていくことが必要であるといえよう。

本書でいうコンプライアンスとは、ルールを創造していくことも含めた概念で使っており、筆者が最も強調したかったのは、立法にも眼を向けようということである。それを理解していただくため、具体例を挙げ、読者の理解に資するように努めた。

本書を執筆できたのは、編者の一人である北村喜宣教授のお力添えが最も大きい。過去には門下生並みに私の論文指導をしてくださったこともあり、これまでのご厚意に心から感謝したい。

また、山口道昭教授と出石稔教授とは、二〇〇〇年（平成一二年）に熊本市で開催された自治体法務合同研究会で初めてお会いして以来、この研究会を通じて交流を深め、本書の執筆に当たっても、編者としてご助言いただいた。改めて御礼を申し上げたい。

思い返せば、この研究会の参加の切っ掛けを作ってくださったのは、高校の吹奏楽部の先輩である牛嶋仁教授である。木佐茂男教授を紹介してくださり、入会できたのが切っ掛けで、自治体法務の世界にどっぷりと漬かることとなった。その後、礒崎初仁教授、田中孝男教授や提中富和さんをはじめ、この研究会のメンバーから得られた知見は計り知れないものがある。また、この研究会から芋づる式に人脈が広がり、今では、法務以外の活動にも数多く関わるようになった。様々な研究会やその他の活動を通じてお世話になった方々にも御礼を申し上げたい。

これまでの京都市役所での仕事を振り返ると、上司や部下、同僚に恵まれ、「やりたいこと」、「できること」、「すべきこと」の三つが重なることが多く、特に法務に関しては充実した仕事ができたと感じている。また、私を育ててくださった上司の名前が数多く頭に浮かんでくる。どの上司からも学んだことが多く、感謝の念に堪えない。

ところで、本書で何度も言及している「野洲市くらし支えあい条例」については、同市職員の生水裕美さんからの依頼により条例の立案のお手伝いをさせていただいたものであり、これまで培ってきた知見を生かすことができ、大変有意義であった。このような機会を提供してくださった生水さんには、改めて深く感謝を申し上げたい。また、本書の草稿段階で、同市職員の久保田直浩さんに目を通していただき、有益な意見を頂戴した。久保田さんは、採用一年目からこの条例の立案に担当者として携わり、自治立法の醍醐味を存分に味わった経験を生かし、本書の草稿に対しても的確な助言をくださった。久保田さんのおかげで、より分かり易い内容になった。久保田さんにも深く感謝したい。

有斐閣書籍編集部の柳澤雅俊さんは、きめ細かく筆者の原稿を読んでくださり、的確な御助言をくださった。記して感謝する。

最後に、私事で恐縮だが、平日の夜や休日に本書の執筆のため自室に籠もることが多かった私を温かい眼差しで見守ってくれた妻 美保に心から感謝したい。

二〇一七年七月　滋賀県大津市の自宅にて

岡田博史

索　引

よ

り

ろ

ことわざ・法格言一覧

（五十音順）

自治体コンプライアンスの基礎

〈地方自治・実務入門シリーズ〉

2017年9月29日　初版第1刷発行

著　者　岡　田　博　史

編　者　北　村　喜　宣
　　　　山　口　道　昭
　　　　出　石　　　稔

発行者　江　草　貞　治

発行所　株式会社　有　斐　閣

郵便番号 101-0051
東京都千代田区神田神保町2-17
電話（03）3264-1314〔編集〕
（03）3265-6811〔営業〕
http://www.yuhikaku.co.jp/

印刷・萩原印刷株式会社／製本・大口製本印刷株式会社

落丁・乱丁本はお取替えいたします。

★定価はカバーに表示してあります。

ISBN 978-4-641-22732-3